Gerhard Leinhofer

Glückliche Kinder
trotz Trennung
der Eltern

Gerhard Leinhofer

Glückliche Kinder trotz Trennung der Eltern

CIP-Titelaufnahme der Deutschen Bibliothek

Leinhofer, Gerhard:
Glückliche Kinder trotz Trennung der Eltern / Gerhard
Leinhofer. – München : mvg-Verl., 1990
  (mvg-Paperbacks ; 425)
  ISBN 3-478-08425-3
NE: GT

© mvg – Moderne Verlagsgesellschaft mbH, München

Umschlaggestaltung: Gruber & König, Augsburg
Satz: Fotosatz Roßkopf, Augsburg
Druck: Presse-Druck Augsburg
Bindearbeiten: Thomas-Buchbinderei, Augsburg
Printed in Germany 080 425/790202
ISBN 3-478-08425-3

Vorwort

Trennungserlebnisse fügen Kindern nicht immer nur Schaden zu, im Gegenteil, sie können manchmal dem Kind helfen, reif und innerlich stabil zu werden. Wie Eltern und Verwandte auf die Anforderungen einer Trennung reagieren und wie sie dabei auf das Kind eingehen, bestimmt über den Erfolg beziehungsweise über das Gelingen der kindlichen Trennungsbewältigung. Mißlingt dies, haben Kinder oft über Jahre Schwierigkeiten, dauerhafte Bindungen halten zu können. Sie treten den Lebens- und Umweltvorgängen mit gleichgültiger, eher negativer Grundstimmung gegenüber, und ihr Selbstbewußtsein ist angeschlagen. Eltern zeigen große Hilflosigkeit in derlei Situationen. Eine generell funktionierende Methode zu einer für alle Beteiligten konstruktiven Lösung von Trennungsproblemen kann es verständlicherweise nicht geben. Die Erfahrungen in der täglichen Praxis und die Kenntnis der Literatur zu diesem Thema aber ergeben immer wieder, daß wesentliche Möglichkeiten unberücksichtigt bleiben, wenn es darum geht, die Konflikte bei der Trennung und Scheidung so zu lösen, daß die Kinder und auch die Partner möglichst wenig Leid dabei erfahren.

Die in diesem Buch erstmals veröffentlichte Auswertung von Äußerungen von Kindern und ihrer Verhaltensweisen und der systematischen Sammlung von Elternerfahrungen bieten einen neuen Ansatz. Eine wertvolle Hilfe sind darüber hinaus die Gedanken und Anregungen von Eltern, die ähnliche Situationen durchlitten haben. Die Kombination von fachkundigem Rat und persönlichen Erfahrungswerten konnte inzwischen viele Trennungen – trotz der Tragik – in ein durchaus positives Licht rücken: Auch wenn die Eltern sich trennen, so ist dies nicht gleichzusetzen mit einem Ende der Beziehungen ihrer Kinder zu ihnen. Mit einem Appell und der Aufmunterung, mutig voranzuschreiten und den erfolgreicheren, wenn auch schwierigeren Weg zu gehen, möchte ich dies bekräftigen.

Ich danke den vielen Eltern, die bereitwillig ihre Erfahrungen zu Trennung, zu gerichtlichen Auseinandersetzungen, zu Auswirkungen auf die Kinder und hinsichtlich einer gelungenen Trennungsbewältigung zur Verfügung gestellt haben. Ich bedanke mich bei den Kindern, die ich untersuchen und beobachten konnte und die mir ihre Einschätzungen gerne zur Verfügung gestellt haben. Wertvoll waren auch die zahlreichen Gespräche mit fachkundigen Kollegen, Sozialpädagogen, Lehrern, Rechtsanwälten und vor allem Familienrichtern.

Die zahlreichen Beispiele schwieriger Trennungssituationen und gelungener Bewältigungsversuche wurden so ausgewählt und wenn nötig abgeändert, daß die Anonymität gesichert blieb. Notwendige Einwilligungen wurden eingeholt.

Bei der Auswertung und Zusammenstellung bedanke ich mich besonders bei Frau Anna Warlimont, Herrn Michael Pürckhauer, Frau Ingrid Hecht-Wittmann und Frau Ingrid Lindner für ihre wertvollen Hilfen. Für die mitdenkende und sorgfältige Begleitung danke ich den Lektoren, Frau Eva Steckenleiter und Frau Ingrid Weiß-Haeckel.

Ich möchte dieses Buch allen Kindern widmen, deren Eltern den schwierigen Weg einer Trennung und Scheidung gehen, und begleite sie mit der Hoffnung, daß sie dabei wachsen.

Dr. Gerhard Leinhofer, Dipl.-Psych.

Inhalt

Einführung:
Was bedeutet die Trennung
für Kinder und Erwachsene?

»Partir c'est un peu mourir«
Sich trennen ist wie ein Stück Sterben.

Wenn jemand einen geliebten Menschen verliert, kann er oftmals Reaktionen wie die folgenden beobachten: Einerseits will er sich innerlich gegen das Unabwendbare aufbäumen, andererseits nicht wahrhaben, daß es die Person nicht mehr gibt, der er sich verbunden fühlt, oder er hadert mit dem Schicksal. Der eine verfällt geraume Zeit in Verzagtheit, beim anderen ist die Stimmung lange Zeit niedergedrückt. Irgendwann einmal kommt es – hoffentlich – dazu, daß wir lernen, einen Verlust, so schwer er auch ist, hinzunehmen und das zu behalten, was uns an Erinnerungen, Gefühlen und Gedanken an den Menschen geblieben ist, der uns soviel bedeutet. Mit dem Tod eines geliebten Menschen umzugehen, übersteigt vielfach die Kräfte, die Menschen gegeben sind. Die Sehnsucht nach Frieden und der Wunsch zu überleben, bringen dann doch viele dazu, über den Tod eines geliebten Menschen hinwegzukommen.

Das Ende einer Freundschaft, der Bruch einer Beziehung oder das Scheitern einer Ehe unterliegen ähnlichen Entwicklungen. Auch wenn die Ursachen dafür andere sind, muß jeder, gleich, ob er sich dafür entschieden hat oder dazu gezwungen wird, damit fertigwerden und das Beste daraus machen.

Ein Stück Trauerarbeit, Bemühen um Vergessen und das Suchen nach neuen Ufern gelingt dem einen schnell, dem anderen nur schwer, manchem nie. Die klinische Psychologie ist in der Lage, recht genau jene Phasen zu beschreiben, die ein Mensch im Verlauf einer Trauerarbeit durchlaufen muß, um Abschied, Trennung oder Tod bewältigen zu können.

Nicht anders – aber sehr viel dramatischer und schicksalhafter – verlaufen solche Entwicklungen bei Kindern, die sich von einem Elternteil trennen müssen und oftmals dies so erleben, als würde ein Stück ihres Lebens verlorengehen. Diesen Prozeß der Trauerarbeit müssen viele bereits am Anfang ihres Lebens durchmachen.

Gespräche mit Kindern, psychologische Begutachtungen und Tiefenanalysen haben gezeigt, daß viele Kinder die vollzogene Trennung ihrer Eltern innerlich nicht wahrhaben wollen, daß viele mit allen vorhandenen psychischen Kräften dagegen rebellieren und ihre Wut – wohin auch immer – verlagern. Anderen ist deutlich anzumerken, daß ihre Antwort auf ein solches schicksalhaftes Erlebnis tiefe Verzweiflung und Verzagtheit ist.

Allen Kindern aber gemeinsam ist die *Sehnsucht* nach dem inneren und äußeren *Frieden*.

Auch die Erwachsenen haben einen solchen Wunsch. Bei vielen Eltern ist es gerade dieses Bedürfnis nach Frieden, das sie dazu bringt und zwingt, eine Partnerschaft oder eine Ehe zu beenden. Leichtfertig wird niemand das aufgeben, woran er einmal sein Herz gehängt und vieles von seinem Leben hineingelegt hat. Eine Entscheidung, sich zu trennen oder eine Partnerschaft aufzulösen, ist schwer genug. Noch schwieriger ist es, eine solche Entscheidung innerlich zu rechtfertigen und mit ihr so umzugehen, daß die Trennung auch innerlich vollziehbar wird. Sehr viele Erwachsene, die sich trennen, verbleiben beim Nicht-Wahrhaben-Wollen, verharren im Zorn, versinken in Niedergeschlagenheit – nur wenige kommen zu einer gelungenen Beendigung einer Beziehung, soweit dies überhaupt möglich ist. Gerade deshalb werden Trauerarbeit und Trennungsbewältigung für betroffene Kinder noch um vieles schwieriger und schwerwiegender. Das Unvermögen der Erwachsenen wird nun zur zusätzlichen Last für die Kinder, mit Trennung und Trauer umzugehen.

Es ist einer der Widersprüche, die das Leben kennzeichnet, daß oftmals zwei gegensätzliche Dinge von ein und demselben Menschen gleichzeitig verlangt werden. Es versetzt den Betroffenen in Unruhe, Irritation oder gar Wut und Verzweiflung. So ergeht es etwa einer Mutter, die ihr Kind – und wenn es nur kurz ist – nur jemandem anvertrauen würde, zu dem sie Vertrauen haben kann.

Geht es aber darum, dem geschiedenen Ehemann und Vater der Kinder das gemeinsame Kind für geraume Zeit zu überlassen, dann sieht sich manche gutmeinende Mutter in einen schier unlösbaren Widerspruch verwickelt: Demjenigen, zu dem sie ihr Vertrauen verloren hat, der sie verletzt und demgegenüber sie ihre Glaubwürdigkeit verloren hat, soll sie ihr Kind überlassen? Wie kann eine solche Zumutung Sinn haben, wie ist sie zu rechtfertigen, wer hat sie zu verantworten und welche Begründungen kann es dafür geben? Die Anforderungen an die Eltern, auch wenn sie getrennt oder geschieden sind, alles zu tun, damit das Kind auch weiterhin die Bindung zu beiden Elternteilen aufrechterhalten und sogar entwickeln kann, ist ein schwieriger Auftrag. Übersteigt er nicht die Sinnhaftigkeit und die Zweckmäßigkeit, die menschlichem Handeln zugrundeliegen soll? Es ist eine Zumutung, die viele nicht verstehen und deswegen auch nicht erfüllen können. Sie können keinen Sinn darin erkennen und für sie gibt es auch viele Gegenargumente und gegenteilige Erfahrungen. Eine solche Forderung zu erfüllen, übersteigt häufig menschliches Vermögen, psychische Bereitschaft, Einsicht und Kraft. Und dennoch bleibt diese Zumutung sinnvoll, wenn es darum geht, einem Kind zu ermöglichen, daß es seine Beziehung zu seinen Eltern aufrechterhalten kann.

Im vorliegenden Buch wird der Versuch unternommen, Kindern zu helfen, die Beziehung zu ihren Eltern auch dann intakt halten zu können, wenn ihre Eltern sich getrennt haben oder sich scheiden ließen. Oftmals fehlen bei manchen Eltern die nötige eigene Erfahrung sowie Hinweise aus Ergebnissen der psychischen und soziologischen Forschung, oder sie haben nicht die innere Kraft, den Kontakt für die gemeinsamen Kinder und für alle Beteiligten fruchtbar zu gestalten.

Die hier vorgelegten Anregungen haben sich zum Ziel gesetzt, Verständnis für die Friedenssehnsucht der Kinder zu vermitteln und Hilfestellungen zu geben, damit die Kinder die Trennung und den Abschied ihrer Eltern innerlich verkraften können. Sie geben Ratschläge, wie Kinder Trennungen so verarbeiten können, daß sie nicht seelischen Schaden für ihr künftiges Leben mitnehmen, sondern diese als Chance nutzen, lebendig, reif und menschlich zu werden.

Dabei werden psychologische, soziologische und juristische Erfahrungen ausgewertet und für die vorliegenden Fragestellungen nutzbar gemacht. Darüber hinaus werden Resultate einer breit angelegten und standardisierten Erhebung dargelegt, die sich mit der Trennung von Eltern, deren Folgewirkungen und deren Erfahrungen in bezug auf die Gestaltung der Beziehungen zu den getrenntlebenden Elternteilen befassen. Es werden auch langjährige Erfahrungen des Autors als Sachverständiger bei gerichtlichen Sorgerechtsentscheidungen ausgewertet.

Letztendlich bleibt es aber bei einem Appell, auch dann den Versuch zu unternehmen, Beziehungen zu ordnen, wo einem der Bruch am erlösendsten erscheint; dennoch auf einen Kompromiß hinzuarbeiten, wo persönliche Erfahrung dagegensteht; auch dann andere wissenschaftliche, juristische oder auch individuelle Erfahrungen zuzulassen, wenn auch die subjektive Verzweiflung den eigenen Gesichtskreis einengt und die Suche nach hoffnungsgebenden Gedanken, Gefühlen und Situationen behindert. Verzweiflung stellt sich ein, wenn der Zukunft keine Chance eingeräumt wird; das bezieht sich nicht nur auf die Zukunft von Menschen, sondern auch auf die Gestaltung von Beziehungen und die Auswertung von Erfahrungen. Den Fokus aller Gedanken und Vorschläge, die hier dargelegt werden, bilden die Situation der Kinder, ihre Gefühle, ihre Entwicklungsmöglichkeiten und unterschiedlichen Handlungsweisen.

Was eigentlich sagen Kinder auf die Frage, was sie im Falle der Scheidung ihrer Eltern tun würden? Was sagen Kinder, wenn sie unbeeinflußt über ihre Ängste und Sehnsüchte reden können? Was sagen Kinder, die oftmals sehr schwierige Trennungen durchleiden mußten?

Wie erleben Kinder eine Trennung?

Schmerzliche Trennungserlebnisse sind Bestandteil der Entwicklung vom Säugling bis hin zum erwachsenen Menschen. Trennungssituationen sind Lebenssituationen, ihre Bewältigung bringt einen Zuwachs an Freiheit, Persönlichkeit und Kompetenz. Die Trennung, die bereits bei der Geburt des Kindes ihren Anfang nimmt, die Trennungserlebnisse zu Beginn des Kindergartenalters, beim Eintritt in die Schule und während des Überwechselns ins Berufsleben sind bereits schmerzlich, krisenhaft und hinterlassen oftmals tiefe Spuren. Werden Kinder noch zusätzlich mit schmerzhaften Trennungen konfrontiert, stellen sich häufig Gefühle der Überforderung, der Angst, des Verzagens oder auch der Wut ein.

Ehe Verständnis und Hilfen für Kinder in Scheidungssituationen entwickelt werden können, sollten Kinder Gelegenheit bekommen, angstfrei und unbeeinflußt ihre Gedanken, Sehnsüchte und Ängste über Trennung und Scheidung zum Ausdruck zu bringen.

Was wäre, wenn Deine Eltern sich scheiden ließen?

In einer explorativen Studie wurden 68 Kinder zwischen sechs und zehn Jahren aus vollständigen Familien hinsichtlich einer eventuell möglichen Trennung ihrer Eltern befragt. Die Frage selbst kann schon angst machen, deswegen wurde sehr behutsam vorgegangen.

Die jeweils gleichbleibende, erste Frage lautete: »Was würdest Du tun, wenn Deine Eltern sich trennen oder sich scheiden ließen?« Ein neunjähriges Mädchen gab folgende Antwort: »Wenn meine Eltern sich trennen, dann begehe ich Selbstmord.« Diese bestürzende Äußerung zeigt, wie Lebensbejahung und Lebenssinn für Kinder vom Wohl und Wehe der Eltern und der erlebten Intaktheit der Familie abhängen.

Ein Leben ohne die Gemeinsamkeit der Eltern hätte für viele Kinder keinen Sinn mehr; übrig bliebe lediglich die Wut gegen sich selbst, die in den Wunsch »tot zu sein« mündet. »Wenn meine Eltern auseinandergehen, dann gehe ich ins Heim«, antwortete ein achtjähriger Junge und begründete diese auf den ersten Augenblick eigentümliche Äußerung damit, daß er sich nicht entscheiden würde, nicht entscheiden könnte, zu welchem Elternteil er gehen wolle, falls sich seine Eltern scheiden ließen. Dahinter verbirgt sich, wie auch oft in anderen Fällen, ein besonderes Gerechtigkeitsempfinden von Kindern. Da der Junge der Meinung ist, daß beim Scheitern der Ehe beide Eltern Streit hatten und Schuld am Zerbrechen der Ehe haben, sollte der Gerechtigkeit wegen auch keiner die Kinder bekommen oder Sieger sein. Diese Äußerung spricht auch von der emotionalen Zwickmühle, in die sich viele Kinder versetzt fühlen: Wenn sie sich für einen Elternteil entscheiden, müssen sie dem anderen Unrecht tun, und das wollen sie nicht.

Ein ebenfalls achtjähriges Mädchen berichtete auf die Frage nach der möglichen Trennung ihrer Eltern so: ». . . dann sollten die Geschwister unter den Eltern geteilt werden.« Wie das zu lösen wäre, dafür finden auch die Kinder keine rechte Antwort. Nur eine kleine Zahl von Äußerungen deutet die Suche nach einem konstruktiven Ausweg aus einem solchen möglichen Dilemma an. Ein achtjähriger Junge traut sich viel Mut zu: »Ich würde zu beiden Eltern gehen und solange mit ihnen reden, bis sie wieder beide in der Wohnung zusammenleben wollen.«

Die konstruktive Phantasie der Kinder kennt keine Grenzen, wie die zahlreichen Vorschläge zeigen. Ein Teil der Kinder würde sich Hilfe holen bei Verwandten, Lehrern oder Geistlichen, damit die Eltern wieder zusammengebracht werden. Ein anderer Teil würde eine solche Trennung für eine gewisse Zeit wohl akzeptieren, nicht aber auf Dauer. Ein kleiner Teil schließlich würde versuchen, mit der Situation fertigzuwerden, indem etwa die Kinder wechselweise bei den Eltern wohnen.

Entsprechend einer inhaltlichen Analyse wurden die Äußerungen der Kinder nach drei unterschiedlichen Gesichtspunkten geordnet, je nachdem, ob die Äußerung eher einen zerstörerischen Inhalt (aggressiv) in den Vordergrund rückt oder eher Resignation und Verzagtheit ausdrückt (deprimiert), oder aber, ob die Äußerungen darauf schließen lassen, daß das Kind versucht, positiv mit einer derart möglichen Situation umzugehen (konstruktiv). In der folgenden Tabelle werden die Äußerungen nach den unterschiedlichen drei Inhaltskategorien unterschieden.

Kinderäußerungen in bezug auf eine mögliche Trennung der Eltern

Alter	INHALTE			
	aggressiv	deprimiert	konstruktiv	
6–8 Jahre	10	15	3	
8–10 Jahre	16	16	8	
	26	31	11	= 68

Die Grobanalyse der Äußerungen zeigt, daß sowohl bei jüngeren als auch bei älteren Kindern deprimierende Antworten überwiegen, relativ häufig sind auch Äußerungen mit aggressiven Inhalten, dagegen sind konstruktive Inhalte eher selten. Die Analyse zeigt, daß für die meisten Kinder eine mögliche Trennung ein einschneidendes, schmerzliches und tiefreichendes Erlebnis ist, dem viele mit Wut und innerer Auflehnung, die meisten mit Resignation und Verzagtheit gegenüberstehen. Nur wenigen gelingt es, aus einer derartig schmerzlichen Situation das Beste zu machen.

Gefühle der Kinder während der Scheidung ihrer Eltern

Zwischen März 1979 und Mai 1986 wurden insgesamt 423 getrennte Familien wissenschaftlich beobachtet. Eine wichtige Frage war dabei, wie Kinder sich zur Trennung ihrer Eltern stellen, wie sie sie emotional bewältigen und in welcher Form sich deren Gefühle darstellen. Die Reaktionen der Kinder zeigten dabei einen engen Zusammenhang zwischen der Art und Weise, wie die Eltern die Trennung bewältigen oder zu verarbeiten versuchen, und wie die Kinder mit der Trennung fertigwerden. Es wurden nur Eltern in die Untersuchung einbezogen, die überdurchschnittlich große zwischenmenschliche, psychische oder juristische Konflikte bei der Trennung zu bewältigen hatten und aus diesen Gründen sich einer psychologischen Beratung unterzogen oder durch eine gerichtliche Verfügung sich einer fachpsychologischen Analyse ihrer Beziehungen zu den gemeinsamen Kindern unterziehen mußten. Auch hier wurden wiederum die Reaktionsweisen der Kinder nach aggressiven, deprimierten und konstruktiven Inhalten unterschieden. Die Äußerungsweisen wurden drei unterschiedlichen Typologien zugeordnet, je nachdem, wie konflikthaft die Trennung der Eltern verlief. Die Zuordnung zu den jeweiligen Gruppen wurde durch drei geschulte Beobachter vorgenommen.

Aus der Tabelle auf S. 19 geht hervor, daß von den insgesamt untersuchten 286 Familien, die sich zum Zeitpunkt der Untersuchung trennten, der größere Teil den Lösungsversuch nach Typ 3 wählt (»Wir wollen Freunde bleiben«). Etwas geringer ist die Zahl derjenigen, die aggressiv bis zum Vernichtungswunsch agieren (»Ich mache dich kaputt«).

81 von 286 Eltern trennen sich zwar mit Sorgen, finden aber doch besonders in bezug auf Kinder einen gerade noch akzeptablen Kompromiß (»Zähneknirschendes Arrangement«).

Beobachtet man die Reaktionsweisen der Kinder in bezug auf die jeweils unterschiedlichen Lösungstypologien, läßt sich feststellen, daß die weitaus meisten konstruktiven Verhaltensweisen in

Eltern		Reaktionsweisen der Kinder			
		aggressiv	deprimiert	konstruktiv	
Typ 1 »Ich mach dich kaputt«	90	30	48	12	
Typ 2 »Zähneknirschendes Arrangement«	81	38	29	14	
Typ 3 »Wir wollen Freunde bleiben«	115	29	30	56	
		97	107	82	286

solchen Fällen zu finden sind, in denen die Eltern Freunde bleiben wollen.

Demgegenüber sind deprimierte Reaktionsweisen am häufigsten im Aggressions- und Destruktionstyp 1. Aggressive Verhaltensmuster sind besonders häufig beim zähneknirschenden Arrangement. Es fällt auf, wie gering die Zahl konstruktiver Verhaltensweisen bei den Typen 1 und 2 anzutreffen ist. Dies ist durchaus verständlich, da Kinder solche Verhaltensweisen bei ihren Eltern kaum beobachten und deshalb auch nicht nachahmen können. Auf den ersten Blick erstaunlich ist auch, daß beim Aggressions- und Destruktionstyp die häufigsten Reaktionsweisen nicht aggressiver, sondern deprimierter und verzagter Natur sind. Zu vermuten wäre vielmehr, daß aggressives Vorbildverhalten auch aggressive Reaktionen begünstigt. Dies gilt auch teilweise in der vorliegenden Untersuchung. Die lerntheoretische Gesetzmäßigkeit wird aber durch ein anderes Gesetz überlagert; dies besagt, daß ein Verhalten blockiert und unterbunden wird, wenn die aversiven, unangenehmen und angstmachenden Reaktionen überwiegen. Was die Kinder bei diesem Typus bei den Eltern beobachten, wiegt zu schwer und löst derartig viele Ängste aus, daß für das Kind Verzagtheit, Niedergeschlagenheit und Depression die entsprechende Antwort ist. Dies ist auch ein Hinweis darauf, daß beim zähneknirschenden Arrangement die Häufigkeit aggressiver Verhaltensweisen höher liegt als beim Aggressions- und Destruktionstyp. Kinder mit Eltern, die nach diesem typischen Verhaltensmuster reagieren, ahmen die aggressiven Techniken ihrer Eltern nach. Sie tun das besonders häufig, weil die angstauslösende und bedrückende Situation nicht derartig belastet, wie es bei Kindern der Fall ist, die Eltern haben, die vom Wunsch gedrängt werden, den Partner »kleinzukriegen« oder zu zerstören.

Die Gesamtauswertung zeigt, daß – wie auch immer Trennungen von den Eltern verarbeitet werden – die Kinder darauf häufig mit Deprimiertheit oder aber Auflehnung reagieren. Auf jeweils ein Kind, das hauptsächlich mit konstruktiven Reaktionen auf die Trennung der Eltern antwortet, kommen zwei Kinder und mehr, bei denen Verzagtheit oder Wut überwiegen. Es bestätigt sich auch die Vermutung, daß ein enger Zusammenhang besteht zwischen den Verhaltensweisen der Eltern in Trennungssituationen und den Reaktionen ihrer Kinder.

Eine methodische Anmerkung ist hierzu erforderlich. Obwohl die hier genannten Daten durch mehrere geschulte Beobachter gewonnen wurden, sind es lediglich Grobdaten für weitere differenzierte Untersuchungen. Einer weiteren Studie wäre vorbehalten, die typischen Reaktionsmuster der Eltern näher zu differenzieren. So müßte unterschieden werden, wer bei jeweils einem Paar, das sich in Trennung und Scheidung befindet, den jeweiligen Reaktionstypus steuert und forciert, und warum andere Reaktionsversuche des Partners mißlingen und am Ende einer gezwungen wird, einen bestimmten Reaktionstypus zu übernehmen, obwohl er selbst vielleicht eher bereit ist, einen anderen meist konstruktiveren Stil zu bevorzugen.

Die Daten bestätigen bereits zu diesem Zeitpunkt zahlreiche Beobachtungen, nach denen Kinder, die von Scheidung und

Trennung betroffen sind, ein Erlebnis zu verarbeiten haben, das an die Grenzen ihrer psychischen Leistungsfähigkeit reicht und bei vielen innere Wut oder nach außen gezeigte Niedergeschlagenheit hervorbringt. Es zeigt sich, daß es nur wenigen Kindern gelingt, mit einer Trennung konstruktiv umzugehen.

Offensichtlich ist jedes Kind, das sich an zwei Bezugspersonen gewöhnt hat und im Verlauf seiner Entwicklung eine Reihe schmerzlicher Trennungen durchzumachen hat, prinzipiell überfordert, zusätzlich zu schmerzlichen Trennungserlebnissen auch noch die schmerzhafte Trennung seiner Eltern bewältigen zu müssen. Das ist ein Hinweis darauf, wie wichtig es ist, sich mit den Ängsten von Kindern zu beschäftigen und ihnen zu helfen, Trennungserlebnisse zu bewältigen.

Gefühle der Kinder nach der Trennung ihrer Eltern

Was sagen Kinder Monate oder Jahre nach der Scheidung ihrer Eltern?

»Am liebsten wäre es mir, Papa würde wieder bei uns in Unterlinden wohnen.« Die Sehnsucht nach einem heilen Zustand ist bei niemandem echter, ernster und wichtiger als bei Kindern. In einer empirischen Beobachtungsstudie wurden 53 Kinder über die Trennung ihrer Eltern befragt, deren endgültige Trennung oder Scheidung mindestens fünf Monate zurückliegt. Die Äußerungen wurden lediglich nach zwei Richtungen unterschieden, je nachdem, ob der Wunsch nach Wiederherstellung des früheren Zustandes überwiegt oder die Einstellung zu der veränderten Realität.

Die Tabelle auf S. 22 zeigt, daß der Wunsch nach dem früheren Zustand besonders groß ist, je jünger die Kinder sind. Ältere Kinder finden sich eher mit der neu entstandenen Situation ab und können sie auch als richtig für sich einstufen. Vermutlich aber sind die gewonnenen Daten ein Hinweis darauf, welch gravierende Spuren die Trennung der Eltern bei den Kindern

	ALTER		
	6-8	8-10	
Sehnsucht nach dem früheren Zustand	24	16	
So wie es ist, ist es richtig	10	16	66

hinterläßt. Schließlich ist die Sehnsucht nach einem früheren Zustand ein Zeichen dafür, daß die Trennung noch nicht vollzogen und die neue Realität noch nicht akzeptiert worden ist. Dieser Prozeß scheint bei Kindern tiefere Spuren zu hinterlassen, als man allgemeinhin annimmt. Sicherlich spielen bei den erhaltenen Antworten auch andere Motive mit, wie etwa die Tendenz, frühere Erlebnisse in einem besseren Licht zu sehen, als sie in Wirklichkeit waren. Vielleicht verbirgt sich dahinter auch der Wunsch der Kinder nach einer intakten und vollständigen Familie, den sie als Resultat generationsübergreifender Erfahrung, auf welchem Weg auch immer, kennengelernt und verinnerlicht haben. Auch die soziale Umwelt, Freundesgruppen und Verwandte zeigen den Kindern die Bedeutung vollständiger Familien.

Der Wunsch der Kinder nach einer vollständigen und intakten Familie ist deutlich und nicht nur bei Kindern aus vollständigen Familien lebendig, sondern auch bei Kindern, deren Eltern sich getrennt haben. Dieser Wunsch erscheint nicht nur als Resultat einer individuellen Erfahrung, sondern er ist vor dem Hintergrund sozialer Erfahrungen, kulturhistorischer Wirkungen und auch biologischer Grundmuster zu analysieren. Auch wenn derzeit von vielen Sozialwissenschaftlern ein großer Wertewandel festgestellt wird, und neue Formen des Zusammenlebens der sozialen Strukturierung sich entwickeln, und übernommene Rollenmuster einer starken Veränderung unterliegen, ist dennoch zu berücksichtigen, daß ein derartiger Wandlungsprozeß nicht ohne Schwierigkeiten voranschreiten kann. Ein Wandel ohne ausreichende Berücksichtigung der Entstehungsbedingungen, Wurzeln und sozialen Grundmuster sowie der historischen und kulturbiografischen Entwicklungen kann nicht nur für die betroffenen Erwachsenen zu heftigen Konflikten führen, sondern berührt weit intensiver die Entwicklung der Kinder. Die soziale psychische Einheit, die Kinder innerhalb einer Familie erleben, die sich als solche auch in der sozialen Umwelt darstellt und von ihr auch als eine solche anerkannt wird, ist ein sinnvolles Ordnungsmuster für Gedanken, Gefühle und Verhaltensweisen. Eine solche Ordnung erleben viele Kinder als Ausdruck von Sicherheit. Bricht dieser Rahmen, entstehen zahlreiche Konflikte – auch nach Monaten und Jahren der Trennung bleibt die Sehnsucht nach einer erfahrbaren Intaktheit und Einheit innerhalb der familiären Bande zurück.

»Lieber Gott, gib', daß sich meine Eltern wieder vertragen.« Das ist das Abendgebet einer Sechsjährigen. Dieser Wunsch drückt wohl am besten aus, wie abhängig Kinder die Entwicklung ihrer Persönlichkeit von gelungenen und intakten Bindungen ihrer Eltern sehen.

Wie zumutbar sind Trennungen für Kinder?

Menschwerdung und Persönlichkeitsreifung sind ohne die Bewältigung von schmerzlichen Trennungen nicht möglich. Schon bei der Geburt, wenn das Neugeborene die schützende, wärmende und ernährende Einheit der Mutter verläßt, macht es die erste Grunderfahrung, daß, um zum Leben zu kommen, Schmerzvolles durchlitten werden muß. Sowie das Neugeborene vom Mutterleib getrennt wird, muß es bald darauf sich von der engen symbiotischen, psychischen Bindung mit der Mutter lösen, um Individualität als einzelner und als Mensch zu erfahren. Im Verlauf der frühkindlichen Entwicklung lernt das Kind, sich von der überschaubaren Ordnung des häuslichen Milieus zu trennen und mit Neugier neuen sozialen und geistigen Erfahrungen zuzustreben. Der Eintritt in den Kindergarten und die Einschulung bedeuten für das Kind Verzicht auf Gewohntes und Vertrautes, um sich Neuartigem und bisher Fremdem zu öffnen. Recht früh lernen Kinder immer größere zeitliche Trennungen von vertrauten Bezugspersonen zu verkraften; zuerst sind es Minuten, dann Stunden, in denen die Mutter ihren eigenen Beschäftigungen nachgeht und ihr Kind mit dem Alleinsein konfrontiert ist. Später müssen die Kinder auch damit fertigwerden, daß die Eltern länger abwesend sind, ihrer Arbeit nachgehen, oder daß sie mit den Geschwistern zusammen abends alleingelassen werden. Umzüge, der Verlust von Freunden oder längere Reisen trennen Kinder vielfach von liebgewordenen Eindrücken, Gewohnheiten, Spielkameraden und Bezugspersonen. Ganz schmerzliche Trennungen erleben Kinder auch durch den Tod ihrer Großeltern oder sehr naher Verwandter. Einfühlsame Erziehung erfordert, daß ein Kind nur mit solchen Trennungssituationen in Berührung kommt, die es aufgrund seiner Entwicklung auch verkraften kann. Mißlungene Trennungen und sie begleitende emotionale Überforderungen können lange dramatische Verletzungen nach sich ziehen. Der normale Entwicklungsverlauf ermöglicht jedoch zumeist, daß Kinder schrittweise Trennungserlebnisse erfahren, sie verkraften lernen und dadurch psychisch stabiler werden. Schwerwiegende oder traumatisch wirkende Trennungssituationen, mit denen Kinder konfrontiert werden können, sind entweder der Tod der Eltern oder eines Elternteils, die längere Einweisung in ein Krankenhaus, die Unterbringung in einem Heim, der Wechsel von Pflegeeltern oder auch die Trennung der Eltern. Die genannten Trennungssituationen übersteigen prinzipiell die Bewältigungskräfte und Anpassungsmöglichkeiten einer kindlichen Psyche. Hätte man die Möglichkeit, sollte man sie deshalb vermeiden helfen; wenn sie jedoch nicht zu vermeiden sind, sollten alle Hilfen eingesetzt werden, die die Belastungen in Grenzen halten, negative Wirkungen auf ein Minimum beschränken helfen, um so aus einer gefährlichen Krise eine hoffnungsvolle Chance werden zu lassen. Die Auswertung unterschiedlicher Erfahrungen bei Kindern, die derartig traumatisierende Trennungssituationen durchzustehen hatten, zeigen, daß die Bewältigung einer Trennung weitgehend von der Situation abhängt, in der sie erfolgt. Jedes Kind kann eine Trennung eher verkraften, wenn diese in einer Situation geschieht, die mit »positivem Zutrauen« gekennzeichnet ist. Damit ist gemeint, daß Resignation und das Gefühl der Ausweglosigkeit bei den Eltern die gleichen Gefühle beim Kind noch verstärken, während Einstellungen, die dem Kind vermitteln, daß ihm zugetraut wird, auch mit großen Schwierigkeiten fertigzuwerden, dazu verhelfen, auch schwere Trennungssituationen zu verkraften.

Unentschiedenheit, Ängstlichkeit, überbehütende Fürsorglichkeit und grenzenlose Angst, die oftmals bei Kindern in Trennungssituationen beobachtet werden, sind in Wirklichkeit Ausdruck der psychischen Situation ihrer Eltern, die diese Kinder als unentschieden, ängstlich, fürsorglich und angstmachend erleben. Dies bedeutet, daß die Chancen dann groß sind, eine Trennungssituation in einem positiven Sinn zu bewältigen, wenn im Situationskontext einer Trennungssituation die Botschaft mitschwingt: »Du kannst es schaffen, und du wirst es schaffen.« Auch bei vielen Eltern haben solche selbstsuggestiven Methoden über das Ärgste hinweghelfen können.

Trennungsängste sind eine Herausforderung an das Kind, selbständig zu werden. Solche Ängste fordern aber auch die Eltern und Erzieher heraus. Bereits die ersten Schritte, die ein Kind alleine geht, sind mit der Überwindung von Angst verbunden. Das Kind muß sich dabei auf die haltende Hand der Mutter oder die sicherheitgebende Hilfe von Gegenständen verlassen können. Es erlebt die Angst, dabei umzufallen, das Gleichgewicht oder den inneren Halt zu verlieren.

> »Diese Lostrennung von einer Welt, die im Vergleich zur eigenen individuellen Existenz überwältigend stark und mächtig, oft auch bedrohlich und gefährlich ist, erzeugt ein Gefühl der Ohnmacht und Angst. Solange man ein integrierter Teil jener Welt war und sich der Möglichkeit und der Verantwortlichkeit individuellen Tuns noch nicht bewußt war, brauchte man auch keine Angst davor zu haben. Ist man erst zu einem Individuum geworden, so ist man allein und steht der Welt mit allen ihren gefährlichen und überwältigenden Aspekten gegenüber«. *(Fromm)*

Der Lebenslauf eines Menschen läßt erkennen, daß er immer wieder mit Trennungssituationen konfrontiert wird. Da ist der Eintritt in das Berufsleben, die Bindung an einen Menschen, der Wechsel in eine neue Umgebung, schließlich auch das Ausscheiden aus dem Berufsleben. Immer ist all dies mit Trennungsängsten verbunden. Wie ein Erwachsener mit solchen Trennungserlebnissen zurechtkommt, hängt sehr entscheidend von seinen eigenen Erfahrungen in bezug auf eigene frühkindliche Trennungserlebnisse ab.

Ganz deutlich wird dies, wenn man beobachtet, wie Eltern und Erzieher mit den unterschiedlichen Trennungsängsten ihrer eigenen Kinder umgehen. Es ist häufig die gleiche Haltung, die sie bei ihren Eltern selbst erlebt haben und deren Erfahrenswirkungen immer noch für sie prägend sind:

Ein Beispiel:

> Christian, viereinhalb Jahre, wollte überhaupt nicht in den Kindergarten gehen. Die Mutter berichtete, daß es ihr große seelische Qual bereite, mitansehen zu müssen, wie Christian leidet, wenn er sich von ihr trennen muß und den Kindergartenraum betritt. Die Mutter wurde um die Einwilligung gebeten, daß mit einer teilweise versteckten Kamera diese problematische Situation durch einen Kinderpsychologen festgehalten wird. Der Gegenstand der Beobachtung war aber nicht so sehr das Verhalten des Kindes, sondern das Ausdrucksgebaren der Mutter. In der gemeinsamen Beobachtung und Analyse der gewonnenen Filmaufzeichnungen zeigte sich, daß in der Sprache, im Blick, in der Gestik und Mimik der Mutter, ja in ihrer gesamten körperlichen Ausdrucksweise die Angst des Kindes gleichsam vorweggenommen und verstärkt rückgespiegelt wurde, und daß diese Reaktionen das Verhalten des Kindes sehr stark beeinflußt hatten. Die Ängstlichkeit der Mutter wirkte auf das Verhalten des Kindes angstverstärkend und angsterhöhend. Die Mutter übte hierauf, wie sie in ähnlichen Situationen sinnvoller handeln könne. Sie machte sich zuerst bewußt, wie klare erzieherische Entscheidungen ihrem Kind helfen, auch mit unangenehmen Gefühlen umzugehen. Sie lernte durch Beobachtung und Schulung der Wahrnehmung des eigentlichen körperlichen Ausdrucksverhaltens in unterschiedlichen Konfliktsituationen das eigene Verhalten effektiver zu steuern. Entscheidend war aber, daß die Mutter selbst ihre Art, sich von ihrem Kind zu trennen, mit eigenen Kindheitserfahrungen in Beziehung setzen lernte und parallel hierzu ähnliche Situationen innerhalb ihrer Ehe und Familie ausfindig machen konnte.

Wie ein positives, angstfreies Vorbild dem Ängstlichen helfen kann, mit Angst konstruktiv umzugehen, so verstärkt die Ängstlichkeit der Erwachsenen die bereits vorhandenen unangenehmen Gefühle der Kinder. Eine Lösung wird dadurch sehr schwierig. Eltern müssen selber von der Geburt der Kinder an lernen, mit der Trennungsangst, die sie selbst verspüren, umzugehen und sie zu überwinden. Kinder gehören nicht den Erwachsenen und sind nicht deren Besitz. Bei der Geburt ihrer Kinder müssen sie lernen, sie loszulassen, damit sie den eigenen Weg zu sich und zur Umwelt finden und entdecken können. Das kann aber nur gelingen, wenn die Eltern ihrem Kind immer neu das Gefühl vermitteln, daß es zu schaffen ist. So wie lieben loslassen heißt, so heißt erziehen auch, Trennungen auszuhalten und bewältigen helfen.

Kinder, deren Eltern sich getrennt haben, können eine solche schmerzliche Trennung nur bewältigen, wenn die Eltern gemeinsam zum Wohle ihres Kindes zusammenwirken und gemeinsame Konflikte zurückstellen können. Geholfen wird ihrem Kind auch schon, wenn beide Eltern zumindest Verständnis für die Gefühle aufbringen, die Kinder bei der Trennung ihrer Eltern zeigen. Es ist deshalb zweckmäßig, sich genauere Gedanken über die Angst von Kindern zu machen.

Ängste, mit denen Kinder konfrontiert werden

Vermutlich würden zahlreiche Eltern Fragen in bezug auf die elterliche Sorge oder den Kontakt zum getrenntlebenden Elternteil ganz anders einschätzen, wenn sie sich klarmachen würden, welche Ängste Kinder ausstehen müssen, wenn die Eltern mit verbissenem Zank gegeneinander kämpfen.

Angst, Angstäußerungen und Bewältigungsversuche von Angst spielen bei Fragen elterlicher Sorge um das Umgangsrecht eine große Rolle; ihre Bedeutung wird aber erst bei eingehenden Analysen erkennbar. Sie verbirgt sich oft hinter Tausenden von Beteuerungen des Gegenteils, hinter vermeintlicher Lustigkeit und gezeigtem Schabernack. Auch der Körper unternimmt vieles, um die innere Angst nach außen hin zu verstecken.

Angst ist wie ein unvorbereiteter und unerwarteter Angriff aus dem Dunkeln, deren Ursachen oftmals ungewiß, deren Folgen aber verhängnisvoll sind. Bezieht sich das Gefühl auf ein erkennbares Objekt, also auch auf ein relativ klares »Wovor«, dann verwendet man eher den Begriff »Furcht«, während »Angst« oft mit dem Erleben des Gegenstandslosen und Qualvollen, einer nachhaltigen Störung des Lebensgrundgefühls verbunden wird. Kinder, die zahlreiche Erfahrungen aus früheren Entwicklungsstufen des Menschen durchlaufen, begegnen den Ängsten, die vor ihnen schon Generationen durchstehen mußten. Sie treffen auf die Angst vor dem Alleinsein, vor dem Verlassensein, die Angst, dem Leben nicht gewachsen zu sein oder am Lebendigsein gehindert zu werden. Das Erlebnis der Angst gehört zu unserem Leben; in immer neuen Abwandlungen begleitet sie den Menschen von der Geburt bis zum Tod. Obwohl wir immer wieder neue Versuche machen, und die Menschheit immer neue Wege ausprobiert hat, Angst zu bewältigen, bleibt sie dennoch Bestandteil unserer Existenz. Das soll aber nicht bedeuten, daß man nicht immer von neuem nach Mitteln und Wegen suchen soll, die Angst zu bewältigen. Besonders Kinder brauchen dabei die Hilfe der Erwachsenen.

Angst begegnet den Kindern in tausend Gesichtern. Auf dem Weg seiner Entwicklung trifft das Kind auf vielerlei Ängste, die sich in bestimmte Grundformen unterscheiden lassen und von denen besonders Kinder betroffen sind, deren Eltern sich scheiden lassen.

In Anlehnung an *Riemann* lassen sich bei Kindern vier Grundängste unterscheiden:

Die Angst vor der Selbstwerdung

Daß ein Kind zu sich selber »ich« sagt und sich mit seinem eigenen Namen nennen kann, ist eine entwicklungsgeschichtliche

Leistung von großem Gewicht. Im Verlauf seiner Individuation erlebt es aber zahlreiche Gefühle von Ungeborgenheit und Isolierung. Aus der engen Bindung zur Mutter und zu den Eltern löst es sich allmählich und reift vor dem Hintergrund prägender Kindheitserfahrungen zum Erwachsenen heran. Andauernder Streit und psychische Grundkonflikte zwischen den Eltern oder innerhalb der Familie sind arge Störenfriede bei der Selbstwerdung. Durch eine Trennung der Eltern wird diese Angst zumeist noch größer. Sich selbst zuzutrauen, ich-stark und kompetent in die Zukunft hineinzuwachsen, ist dadurch schweren Belastungen und Risiken ausgesetzt. Diese Angst ist besonders groß, wenn Kinder Konflikt, Streit und Trennung in den ersten drei Lebensjahren zu verkraften haben.

Die Angst vor dem Selbstverlust

Andererseits kann die Entwicklung eines Kindes nicht vorangehen, wenn es nicht lernt, sich dem Leben und den Mitmenschen gegenüber zu öffnen, einen Austausch mit der sozialen Umwelt zu pflegen und in Korrespondenz mit den Erscheinungen des Lebens zu treten. Damit aber ist nun wieder die Angst verbunden, sein »Ich« zu verlieren, abhängig zu werden, das Eigensein nicht entsprechend leben zu können und in der Anpassung zuviel von sich selbst aufgeben zu müssen.

Kinder, die eine Trennung zu verkraften haben, werden häufig von dieser Angst sehr hart getroffen. Der Prozeß der Öffnung zur Welt hin, die Neugier und Spontaneität, sich neuen sozialen Kontakten zuzuwenden, trifft auf starke Belastungen, wenn das Fundament, auf dem diese Hinwendung vollzogen wird, brüchig ist oder zerrissen wird. Oftmals ist bei solchen Kindern feststellbar, daß die ursprüngliche Öffnung einen fast verkrampften Rückzug in frühere Entwicklungsphasen mit sich zieht. Gerade die getrenntlebenden Eltern erleben dann häufig, daß sich ihr Kind vor ihnen verschließt, zurückzieht, und daß die Freiheit verlorengegangen ist, die früher die Kontakte zwischen Eltern und Kind ausgezeichnet hat. Hier beginnen dann häufig auch falsche Schuldzuweisungen, wenn solche Ängste und Rückzugs-verhaltensweisen nicht als durchaus sinnvolle Reaktion des Kindes auf die objektive Veränderung der Umweltsituation erkannt werden, sondern dem Elternteil als negative Beeinflus-sung zugerechnet werden, der mit dem Kind zusammenwohnt. Andererseits ist häufig auch zu beobachten, daß diese Angst in unverantwortlicher Weise ausgenutzt wird, um dem getrenntle-benden Elternteil den Weg zum Kind zu versperren und Wider-stände aufzubauen. Die klinische Psychologie und entwicklungs-psychologischen Erfahrungen zeigen, daß solche verfestigten Ängste die gesamte Persönlichkeitsentwicklung des Kindes beeinträchtigen können, und daß deren sinnvolle Verarbeitung daher sehr lange dauern und schwierig sein kann.

Um das Leiden und die Ängste des Kindes vor der Selbsthingabe möglichst zu verkleinern, sollten in solchen Situationen die Eltern ein gemeinsames Verständnis entwickeln und ihrem Kind gegenüber in dieser Phase kritischer Angstbewältigung emotio-nale Solidarität zeigen. Kinder im Alter von drei bis sechs Jahren zeigen besonders häufig derartige Ängste.

Die Angst vor der Veränderung

Das, was wir mögen, möchten wir auch behalten. Das, woran wir uns gewöhnt haben, möchten wir nicht ohne Grund verändert wissen. Leben heißt aber auch, sich immer neuen Entwicklungen zu öffnen; vom Kind wie vom Erwachsenen werden immer neue Anpassungsleistungen verlangt. Mit dieser Forderung, in die Zukunft zu planen und den Stillstand zu überwinden, sind zahl-reiche Ängste verbunden, Ängste vor dem Wagen und Planen, Ängste vor Wandlung und Entwicklung. Von Kindern, deren Eltern sich trennen, wird eine gewaltige Anpassungsleistung verlangt, die das Erleben und die Möglichkeiten des Kindes oft überfordern, wie zum Beispiel der Umzug in eine neue Woh-nung, das Übersiedeln in eine neue Stadt, die Besuche beim ge-trenntlebenden Elternteil über längere Zeiträume und Distanzen hinweg, die Erfordernisse, sich dort zu orientieren und neue Freunde zu finden, alte Bezugsbindungen aufzugeben und neue anzuknüpfen.

Ist schon die Anpassungsleistung im normalen Entwicklungsablauf mit Krisen und Ängsten verbunden, so werden solche Ängste bei Kindern katastrophal, die auch noch zusätzlich mit schweren psychischen Belastungen von seiten der Eltern zurechtkommen müssen. Die Reaktionsweisen der Kinder auf solche Ängste sind sehr unterschiedlich. Häufig sind regressive Formen der Konfliktbewältigungsversuche zu beobachten, der Rückzug und das Festhalten früherer Entwicklungsstufen, die Flucht nach hinten und das schreckhafte Abwehren aller Anpassungsanforderungen. Fast immer ist die Stimmung bei solchen Kindern gedrückt. Nur selten sind sie zum Lachen aufgelegt; Humor und Kinderwitz sind rar geworden.

Die Angst vor der Endgültigkeit

Demgegenüber steht die Angst, daß das Schicksal nicht aufzuhalten ist, daß alles festgelegt ist und alles unabänderlichen Gesetzen unterliegt, denen wir hilflos ausgeliefert sind. Das Kind erlebt häufig die Umwelt als eine Welt von Regeln und Gesetzen, in der es sich nicht frei bewegen und frei entwickeln kann, und in der alles endgültig ist. Es ist die Angst, auch der Angst gegenüber ausgeliefert zu sein. Erst aus der Bewältigung dieser Ängste resultieren Menschwerdung, Entwicklung, Freiheit und menschliches Glück. Gerade Kinder, die langandauernde Konflikte und Spannungen innerhalb der Familie erleben mußten, haben die Hoffnung aufgegeben, daß es auch anders sein könnte. Spannungen, Konflikte, niederdrückende Erlebnisse sind zum Bestandteil der persönlichen Orientierung und der geistigen Ausrichtung geworden. Fast zwanghaft sind oft solche Kinder bemüht, sich den Forderungen der Umwelt gegenüber richtig zu verhalten. Sie lachen gekünstelt, Humor kommt nicht von innen, die Verhaltensweisen sind nicht zentriert und ihr Gefühlsleben zeigt Unbestimmtheit und Unklarheit. Zum Schaden ihrer eigenen Entwicklung werden solche Kinder vielfach von der Umwelt positiv eingeschätzt. Schließlich verhalten sie sich brav, höflich, entgegenkommend und willig. Wie oft dahinter das psychische Selbst verlorengegangen ist und die Zentrierung auf das eigene Ich nicht mehr funktioniert, scheinen viele Erwachsene nicht wahrzunehmen.

Getrenntlebende Eltern sind auch vor solchen Fehleinschätzungen nicht gefeit. Bravheit, ordentliches Verhalten und gezeigte positive Gefühlsreaktionen nehmen sie oftmals als Bestätigung des positiven und gut funktionierenden Kontaktes und der intensiven Bindung zwischen dem Kind und ihnen selbst. Aber eine genaue Beobachtung zeigt, daß Kinder sich nur deshalb überangepaßt verhalten, weil sie sich nicht zutrauen, zu ihren eigenen Gefühlen zu stehen, eigene Urteile zu bilden und die eigene Identität durch Sprache und Verhalten zum Ausdruck zu bringen.

Auch für andere Kinder ist oft im höheren Schulalter die Angst übermächtig, daß alles rundum festgelegt und endgültig ist, daß sie den starren Regeln der Umwelt und auch den als hart erlebten schulischen Anforderungen gegenüber hilflos ausgeliefert sind. Diese Situation wird für Kinder, die dazu noch Streit und Trennung der Eltern bewältigen müssen, zu einer großen Bedrückung und Blockierung. Gefühle von Ohnmacht und Verzweiflung sind häufige Folgen.

Signale der Angst

Welche Ängste Kinder in ihrer Entwicklung normalerweise durchlaufen, daß Ängste oft ein wichtiger Bestandteil ihrer Entwicklung sind, und inwieweit solche Ängste durch gravierende Trennungssituationen oder Fehlverhaltensweisen der Außenwelt hervorgerufen, verstärkt oder auch übermäßig gesteigert werden, ist eine sehr schwierige Unterscheidung, die viele Eltern überfordert. Immer häufiger holen sich Eltern in solchen Situationen Rat von Kinderpsychologen, Entwicklungspsychologen oder heilpädagogisch geschulten Pädagogen und Therapeuten. Einen wichtigen Bestandteil in einer solchen Analyse nimmt die Frage ein, wie sich Angst äußert und erkennbar ist.

Angst läßt sich bei Kindern durch sprachlichen Ausdruck, durch Gestaltungen und körperliche Reaktionen erkennen und analysieren. Die Untersuchung solcher Ängste ist sehr komplex und fordert genaue psychologische und analytische Schulung.

Die Angst in den Worten der Kinder

Auch kleine Kinder können mit fortschreitender Sprachentwicklung ihre Gefühle der Angst ausdrücken lernen.

Obwohl Angst in unserem Leben dazugehört, bedeutet es nicht, daß wir ihrer dauernd bewußt werden. Bereits Kinder haben zahlreiche Techniken entwickelt, Angst erst gar nicht sehen zu müssen, sie zu überhören, zu verdrängen oder anderswie damit umzugehen. So wie es ein Kennzeichen unserer Zeit ist, daß die Menschen vielfach nicht in der Lage sind zu trauern (vgl. *Mitscherlich*), so kommt man bei vielen Menschen zum Ergebnis, daß sie unfähig sind, Angst zu erkennen. Sigmund *Freud* hat auf die große Bedeutung von Verdrängungsmechanismen hingewiesen, durch die der Mensch im Laufe der Entwicklung gelernt hat, der Angst auszuweichen, und der er aber trotzdem immer wieder unterliegt.

Diese Ausweichmanöver haben nicht nur einen individuellen Sinn, sondern sie haben auch gesellschaftliche Bedeutung. Nach Auffassung der Psychoanalyse kann ein Mensch erst dann seine Kräfte der Vernunft und sein Ich entwickeln, wenn er auch Stellung nehmen kann zu den Gefühlen, die ihn beängstigen, bedrohen und in Gefahr bringen. Unbewußte Ängste lassen Mechanismen entstehen, die der Angst irgendwie beikommen wollen, was aus der psychoanalytischen Erfahrung allerdings nur bis zu einem gewissen Grad erfolgversprechend ist.

Erst die zwar schmerzvolle Begegnung mit der Angst führt zur Heilung und zur Bewältigung der Angst. Die Angst ist wie ein Wolf im Schafspelz; sie bietet sich uns an als Beschützerin, frißt uns aber in Wirklichkeit auf. Die Angst wirkt oft wie ein Zerrspiegel, der alles ins Negative rückt – bewußtes Erkennen der Angst heißt jedoch, daß ihr Zerrbild verschwindet.

Es ist deshalb von großer Bedeutung, genau hinzuhören, wenn Kinder über ihre Angst berichten, über ihre Ängste vor dem Fremden, vor der Dunkelheit, vor ungestümen Tieren, vor Blitz und Donner, über die Angst, die ihnen in ihren Träumen begegnet, aber auch über die Angst vor ihren eigenen Eltern, wenn diese zu streng mit ihnen umgehen, Strafen austeilen oder mit sich selbst nicht zurechtkommen. Kinder, die über ihre Angst reden können, haben den größten Schritt schon getan auf dem Wege, sie zu überwinden. In der Analyse kindlicher Entwicklungsverläufe spielt die Diagnostik von Kinderängsten eine große Rolle. Je jünger die Kinder sind, desto weniger sind sie fähig, ihre Ängste in Sprache umzusetzen. Weil aber gerade Ängste in frühem Alter dramatischer und katastrophaler in ihrer Auswirkung sind als in späteren Jahren, ist der Analyse nichtsprachlicher Äußerungsweisen von Angst große Aufmerksamkeit zu widmen. Ähnliches gilt auch bei fachpsychologischen Begutachtungen. Es ist zunächst der wichtigste Schritt, die Ängste solcher Kinder zu analysieren, die Trennung, Streit und Veränderung der familiären Verhältnisse zu verarbeiten haben.

Der indirekte Weg scheint der wirklichkeitsnähere zu sein; er ermöglicht auch häufig, daß manche Eltern jenseits ihrer Streitbeziehungen Gemeinsamkeiten über das Kindeswohl entwickeln (vgl. S. 120). Wer Angst hat, ist zu Bindungen nicht fähig. Wer bei seinem Kind Angst und Furcht auslöst, kann nicht erwarten, daß seine Beziehung zum Kind intakt und seine Bindung fest, frei und offen sein wird.

Beobachtet man Äußerungen von Kindern, deren Eltern in Trennung oder Scheidung leben, dann läßt sich feststellen, welch wichtige Rolle die Angst spielt. Darüber hinaus geben sie auch

Hinweise, welche Grundängste den jeweiligen sprachlichen Äußerungen zugrundeliegen.

Beispiele:

>>Wenn meine Mami weggeht, kommt der Richter und nimmt mich weg<< (Jürgen, vier Jahre)

>>Mein Vati kommt ins Gefängnis, weil er auszieht<< (Judith, drei Jahre)

>>Wenn meine Eltern sich trennen, will ich nicht mehr leben<< (Carolina, sieben Jahre)

>>Ich will meinen Vater fesseln, damit er hier bleibt<< (Jochen, fünf Jahre)

>>Mein Bruder und ich werden die Mami in Frankfurt holen, um sie wieder nach Vorderrhein zurückzubringen<< (Maria, fünf Jahre)

>>Ich spring' in die Donau, wenn mein Vati weggeht<< (Iris, acht Jahre)

>>Ich bin ganz bös auf meinen Papi, weil er so oft Mutti zum Weinen bringt<< (Walter, sieben Jahre)

>>Ich laufe davon, wenn sich meine Eltern trennen<< (Lucia, fünf Jahre)

Die Beispiele zeigen, wie etwa bei einem Kind die Angst im Vordergrund steht, daß sich etwas verändert, was bisher unveränderbar schien. Ein anderes Kind wird von der Angst überwältigt, daß es sein Ich verliert, seinen Halt und jegliche Sicherheit.

Ein weiteres Kind drückt die Angst aus, daß sich etwas wandeln könnte, was es nicht aufhalten kann, oder daß das endgültig sei, was eingetreten ist.

Die jeweiligen Grundängste zu erkennen, ist von großer Bedeutung, um eine einfühlende Antwort auf sie geben zu können. Die folgenden Beispiele sind Kinderäußerungen nach der Trennung ihrer Eltern:

»Mein Papi bringt mich vielleicht nicht mehr zurück, wenn er mich abholt« (Silvio, drei Jahre)

»Vielleicht entgleist der Zug, wenn sie mich besucht« (Claudia, fünf Jahre)

»Ich will ganz lieb sein, wenn mein Vati kommt, damit die Eltern dann nicht streiten« (Jürgen, fünf Jahre)

»Ich habe geträumt, daß meine Mutter mich auffrißt und verspeist« (Sebastian, sieben Jahre)

»Meine Mutter sagt, mein Vater kommt mit einer Pistole zum nächsten Besuchstag« (Günter, acht Jahre)

»Ich werde nie Freunde kriegen, weil ich so oft zum Papi muß« (Eva, neun Jahre)

Auch diese Äußerungen nach der Trennung ihrer Eltern zeigen, daß die Angst bei Kindern noch lange nach der bereits vollzogenen Trennung vorhanden ist. Sie ist ein langwieriger Prozeß, der besonders bei denjenigen Kindern sehr erschwert wird, deren Eltern in bezug auf die Kontakte der Kinder zu beiden Elternteilen nach der Trennung kein Einverständnis erreichen, die sich in einen dauernden Zank verwickeln und immer neue Beispiele zu finden glauben, in denen sie sich vom anderen Partner jeweils übervorteilt sehen.

Es wird später zu zeigen sein, daß auch die Eltern in ihren Äußerungen und Beurteilungen unterschiedlicher Situationen sehr häufig zum Ausdruck bringen, wieviel Angst sie davor haben, ihrem Kind eine gute Beziehung zu beiden Elternteilen zu ermöglichen. Häufig erleben die Eltern genau die gleichen Ängste, die wir als Grundängste bereits bei Kindern kennengelernt haben.

Die Angst in den Gestaltungen der Kinder

Kinder spielen gerne, träumen viel, gestalten mit Naturmaterialien und zeichnen, was sie bewegt. Sie haben zahlreiche Möglichkeiten in der Sprache ihre Gefühle zum Ausdruck zu bringen. Das Bizarre, Gewaltsame und Niederdrückende von Angsterlebnissen zeigt sich besonders auch in den Gestaltungen der Kinder. Sie müssen genauso wie die sprachlichen Äußerungen sorgsam registriert und hinterfragt werden. Oft ist das Gespräch mit den Kindern über ihre Zeichnungen und Werkstücke notwendig und hilfreich, um die Zusammenhänge zu erklären, die zwischen dem, was die Kinder gestalten, und dem, was sie gefühlsmäßig erleben, bestehen.

Um allgemeine entwicklungsspezifische und solche Ängste verarbeiten zu helfen, die Kinder bewältigen müssen, deren Eltern getrennt sind oder in Scheidung leben, ist eine eingehende psychologische Analyse emotionaler Zustände von großer Bedeutung. Einfühlung und bewußtes Hinhören auf die Empfindungen der Kinder können dazu verhelfen, daß Ängste nicht krank machen, sondern im Gegenteil zur Chance werden, daß die Kinder an ihren Ängsten reifen und stark werden. Innerhalb psychologischer Untersuchungen, bei Fragen nach der elterlichen Sorge oder hinsichtlich der Ausgestaltung des Kontaktes der Kinder zu getrenntlebenden Elternteilen ist es oftmals von großer Bedeutung, durch projektive Methoden, über Zeichnungen, Gestaltungen, unfertige, das heißt offene Geschichten und Fragestellungen die Angst der betroffenen Kinder zu analysieren. Eine solche Vorgehensweise ist nur mit standardisierten Mitteln möglich, die innerhalb der psychologischen Diagnostik entwickelt wurden und geschulten und erfahrenen Fachleuten vorbehalten sind.

Ängste der Kinder zeigen sich auch in unangemessenen oder unerwünschten Verhaltensweisen; beispielhaft sollen hier einige aufgeführt werden:

- Konzentrationsstörungen
- Große Aufmerksamkeitsschwankungen
- Sprachschwierigkeiten
- Allgemeine motorische Unruhe
- Fixiertes Ablehnungsverhalten
- Weinen und Schreien
- Überempfindlichkeit
- Magen- und Darmbeschwerden
- Verkrampfungen und Ticks

Die Liste könnte noch fortgesetzt werden. Die Beispiele machen deutlich, daß die Mehrzahl aller Verhaltensprobleme und Erziehungsschwierigkeiten bei Kindern von Angst begleitet oder durch Angst verursacht sind. Häufig ziehen sie selbst wieder Angst nach sich. Das entwickelt sich zu einem vielfach gefährlichen Zirkelkreis. Es ist deshalb notwendig, den Anteil von Angst bei Verhaltensschwierigkeiten zu erkennen, weil erst auf dieser Grundlage das Kind in der Lage ist Hilfe anzunehmen, und die Bemühungen der Bezugspersonen erfolgversprechend sind. Verständnis der Bezugspersonen, emotionale Solidarität und die Bereitschaft, sich in das seelische Befinden des anderen einzufühlen, können einem Kind helfen, kurzfristige und partielle Verhaltensschwierigkeiten, die von Angst begleitet sind, zu bewältigen. Was geschieht aber mit den Trennungsängsten bei Kindern, deren getrenntlebende Eltern zwar Bereitschaft zeigen, ihrem Kind zu helfen, übermächtige Angst zu bewältigen, aber über die notwendigen Verhaltensweisen ganz uneinig sind, ja, sich sogar darüber in Streit verstricken lassen? Klinische Erfahrungen zeigen, daß es zu großen Mißdeutungen kommen kann, wenn Kinder in bezug auf den getrenntlebenden Elternteil oder hinsichtlich unterschiedlicher Besuchskontakte mit Angst reagieren. Eltern interpretieren solche Ängste so, wie gerade ihr eigener subjektiver Gesichtswinkel gestützt wird. Die Ursachen und Auslöser der Angst werden häufig beim anderen gesucht. Diese wechselseitige Schuldzuweisung macht die konstruktive Bearbeitung einer solchen Angst aussichtslos, die Wirkungen können deshalb für das Kind katastrophal sein. Ein schwieriges Unterfangen ist es, von gegenseitiger Schuldzuweisung weg möglichst gemeinsame analytische Methoden und Sichtweisen zwischen Getrenntlebenden herauszubilden, um eine für beide akzeptable Verhaltensweise zu finden, dem Kind zu helfen.

Angst ist wie ein schauriges Gespenst, wenn man ihr jedoch ins Antlitz schaut, weicht sie zurück, bis sie endlich ganz verschwindet. Einen solchen schwierigen, aber auf Dauer erfolgversprechenden Weg einzuschlagen, bedarf großer Bereitschaft der Eltern und bisweilen auch langwieriger Überzeugungsmühe. Eltern, die bereit sind, im Hinblick auf eine positive Gestaltung des Kontakts der Kinder zu beiden Elternteilen hinzuwirken, finden zahlreiche Hilfestellungen, die dem Kind ermöglichen, auftretende Trennungsängste zu bewältigen. Sie beziehen sich vorwiegend auf erzieherische Hilfen zur Erlebnisverarbeitung, die Berücksichtigung von Situationsgegebenheiten, Zeiteinteilungen und die Gestaltung entsprechender räumlicher Gegebenheiten.

Solche Eltern werden auch Hilfen durch weitere Bezugspersonen anzunehmen bereit sein und sich selbst bewußt machen, daß Kinder wohl in der Lage sind, guten, intensiven und engen Kontakt zu beiden Elternteilen zu haben, und daß es sich immer noch lohnt, ein Stück erzieherisches Vertrauen dem entgegenzubringen, dem man ansonsten vielleicht kein Vertrauen entgegenbringen kann.

Besonders fürsorgliche Eltern und solche, die für ihre Kinder nur das Beste wollen, aber sehr irritiert sind, wenn die Kinder schmerzliche Erlebnisse verarbeiten müssen, haben es dann besonders schwer, den Kindern Trennungen abzuverlangen oder ihnen Mut zu machen, Schwierigkeiten zu bewältigen, weil sie eher gelernt haben, den Kindern Wege zu ebnen, Schwierigkeiten auszuräumen, immer Sonntägliches zu vermitteln. So schmerzlich Trennungen sein können, so froh kann ein Kind auch über deren Bewältigung sein. Vermeidung von Angst führt dagegen vom Leben weg, hält Entwicklungsmöglichkeiten zurück und vergrößert nur bestehende Probleme.

Ein Beispiel soll das Gesagte verdeutlichen:

Tobias, acht Jahre, lebte mit seiner Mutter und seinem Stiefvater, den er nun als seinen Vater bezeichnet, im gleichen Ort wie sein leiblicher Vater, der sich seit etwa zwei Jahren von seiner Familie getrennt hatte. Alle Versuche des Vaters, mit seinem Kind Kontakt zu pflegen, scheiterten am Widerstand der geschiedenen und nun wieder verheirateten Ehefrau. Auch Lösungsversuche mit Hilfe des Gerichts brachten keinen Erfolg. Schließlich wurde eine psychologische Beratungsstelle eingeschaltet. Die psychologische Analyse erbrachte die Diagnose, daß Tobias eine übermäßige Angst vor dem Vater hätte. Sie zeigte sich etwa darin, daß er bei der Begegnung mit dem Vater laut aufschrie, chaotisches Verhalten zeigte und fluchtartig zu seiner Mutter ins Haus lief. Dort nahm sein Pflegevater ihn normalerweise in Schutz und äußerte arge Beschimpfungen gegen den leiblichen Vater des Jungen. Die Mutter und der Pflegevater berichteten, daß ihr Junge nach solchen Begegnungen stundenlang ganz verstört war, in sich versunken und bleich dasaß und Stunden brauchte, bis seine normale Lebendigkeit zurückgekehrt war. Tobias' Lehrerin berichtete, daß der Schüler oft tagelang nachher unkonzentriert, fahrig und in seinem Verhalten auffällig war. Sie riet sehr davon ab, daß der Junge Kontakt mit seinem leiblichen Vater habe. Nach langen und eingehenden Gesprächen konnten die Mutter und ihr Ehemann doch davon überzeugt werden, daß es besser sei, dem Jungen zu helfen, seine Angst zu bewältigen, als die Angst ständig von ihm fernzuhalten. Solche überwertigen Kontaktängste zu bearbeiten, war auch deshalb notwendig, weil solche emotionalen Situationen allmählich eine gesunde Entwicklung insgesamt gefährden können und generelle Verhaltensstörungen nach sich ziehen können. Es dauerte mehrere Monate, bis die Eltern das Gefühl hatten, über den Berg zu sein und die Probleme so gemeistert zu haben, daß sie ohne Hilfe von Dritten ihre Angelegenheiten selbst zu regeln in der Lage waren. Später waren alle Beteiligten der Meinung, daß es sich gelohnt hatte, vor den Schwierigkeiten nicht zurückzuweichen, sondern schrittweise zu versuchen, den Jungen in die Lage zu versetzen, mit allen Bezugspersonen eine intakte Beziehung zu pflegen und aufrechtzuerhalten. Die geschiedenen Eltern sind deshalb nicht zu engen Freunden geworden, gelernt haben sie jedoch, dem anderen mehr zuzutrauen, mit Respekt auf seine Anliegen zu achten und die Bemühungen des anderen nicht jeweils als feindseligen Akt zu verstehen.

Physiologische Signale der Angst

Angst als unangemessene Erhöhung des zentral-nervösen und vegetativen Erregungsniveaus zeigt sich an den unterschiedlichen physiologischen Reaktionen des Körpers. Zu ihnen zählen Atmung, Herztätigkeit, Verdauung, Schweißaussonderung und andere.

Mehrere physiologische Meßmethoden, Test- und projektive Verfahren beziehen sich vor allem auf folgende körperliche Äußerungsweisen der Angst:

- Beschleunigtes oder verstärktes Herzklopfen
- Nervöse Herzrhythmusstörungen
- Vasomotorische Unregelmäßigkeiten (Frieren, Schwitzen, Erbleichen und Erröten)
- Zittern und Beben am ganzen Körper oder an den Extremitäten
- Schwächegefühl
- Schwindel und Benommenheit

- Druck- und Beklemmungsgefühle in der Brustregion
- Asthmatische und asthmaähnliche Beschwerden

Für einen geschulten Beobachter ist es von großer Bedeutung, den physiologischen Anteil der Angst zu registrieren. Während sprachliche Äußerungen häufig von verschiedenen Einstellungen geprägt oder auch entstellt sind, zeigen körperliche Reaktionen meist unvermittelt und direkt den Gefühlszustand eines Kindes. Weil der Körper nicht lügen kann, ist besonders die Beobachtung solcher physiologischer Reaktionen von großer Bedeutung.

Ein Beispiel:

> Jasmin, zwölf Jahre, wurde im Rahmen einer fachpsychologischen Interaktionsanalyse hinsichtlich des Umgangsrechtes mit ihrem Vater untersucht. Sie äußerte während des Kontaktes, daß sie vor ihrem Vater Angst habe, daß er sie bedrohen würde, daß er sie schon einmal im Dunkeln überfallen habe und daß er nicht aufhören würde, ihre Mutter zu kränken und zu verletzen, so daß sie oft stundenlang weinen müsse.

Würde man nur die verbalen Äußerungen des Mädchens allein berücksichtigen, wäre das Ergebnis eindeutig. Bezieht man aber die nonverbalen, das heißt nichtsprachlichen Kommunikationsmuster mit ein, wäre es voreilig, wenn man aus den Äußerungen allein einen Schluß auf die Ausgestaltung des Kontakts des Kindes mit dem getrenntlebenden Vater ziehen würde.

> Jasmin verhielt sich körperlich recht locker, sie war sich ihrer sprachlichen und nichtsprachlichen Reaktionen durchaus bewußt. Ohne große innere Belastung schaute sie immer wieder zum Gutachter oder kam zwischendurch auf ganz unbelastete Themen zu sprechen, in deren Verlauf sie frei und spontan Meinungen austauschen und Gedanken abwägen konnte.

Die Beobachtung über längere Zeit hinweg zeigte, daß die Beziehung des Kindes zum Vater auf zwei Ebenen lief: Die eine, verbale Ebene besagte, es müsse den Kontakt zum Vater ablehnen, die andere jedoch signalisierte durchaus lockere Bereitschaft, sich willig und ohne Widerstand zu öffnen. Es waren mehrere Kontakte notwendig, bis diese verbale Einschätzung des Kindes durch eine positive Begegnung mit dem Vater korrigiert werden konnte. Es stellte sich immer deutlicher heraus, daß Jasmin die Ablehnungsgefühle von der Mutter übernommen und zum Ausdruck gebracht hatte. Mit jedem neuen Kontakt mit dem Vater wurde nicht nur die Angst des Kindes, sondern auch die der Mutter geringer. Die zunehmend positiveren Kontakte, die anfänglich in einer Beratungsstelle und schließlich im Haus des Vaters weitergeführt wurden, halfen nicht nur dem Kind, sondern auch der Mutter selbst, unbesorgt diese Treffen zuzulassen.

Einem Kind zu helfen, seine Kontaktängste zu überwinden, bedeutet zugleich auch eine Hilfe für die Mutter, ihren Ängsten beizukommen. Ein Kind, das von der Last von induzierten, bisweilen sogar eingetrichterten Einstellungen befreit worden ist, erlebt eine solche Wendung oft mit großer Zufriedenheit, seelischer Beruhigung und innerer Kräftigung. Während vorher oft eine depressive Weltsicht vorherrschte, kommt danach meist eine durchaus positive Lebensbejahung zum Vorschein.

Wie können die Ängste der Kinder abgebaut werden?

Wenn Eltern die Absicht haben, sich zu trennen oder in Trennung leben, so ist das für ein betroffenes Kind jeden Alters ein krisenhaftes Ereignis und belastend zugleich. Wie kann diesen Kindern geholfen werden, solche emotionalen Schwierigkeiten zu verkraften? Belastende Trennungserlebnisse gibt es aber nicht nur im Großen, sondern auch im Kleinen. Welche Hilfe bekommen Kinder, die sich weigern oder große Angst haben, wenn sie zum getrenntlebenden Elternteil gehen sollen, oder umgekehrt, wenn sie sich kaum von ihm trennen können?

Es sollen nun mehrere Hilfsmöglichkeiten aufgezeigt werden, die von Eltern entwickelt und erprobt wurden und die vielen Kindern bereits geholfen haben, in belastenden Situationen besser zurechtzukommen:

- Verarbeitungshilfen durch Gespräche
- Spiel und Darstellung
- Aufzeichnungen
- Angstskala
- Kognitive Umstrukturierung
- Ablenkung und Gegenindikation
- Systematischer Abbau von Angst durch Desensibilisierung
- Autogenes Training für Kinder
- Positives Zutrauen

Verarbeitungshilfen durch Gespräche

Kinder jeglichen Alters sollen die Möglichkeit bekommen, über ihre Gefühle zu reden, dasselbe gilt für ihre Ängste und emotionalen Probleme.

Drei Voraussetzungen für solche Gespräche sind von Bedeutung:

Beobachten

Beobachten meint hier nicht nur das Hinschauen auf äußere Dinge und auf sichtbare Verhaltensweisen, sondern auch das Erspüren von inneren Befindlichkeiten auf seiten des Kindes. Das setzt Einfühlungsvermögen voraus und die Fähigkeit, eigene Empfindungen, Einstellungen und Gewohnheiten zurückzustellen und die Individualität des Kindes in seiner Eigenart anzunehmen.

Positive Einstellung gegenüber Gefühlsäußerungen

Eine positive Beziehung zwischen Kind und Erwachsenen besteht darin, daß es keine Auseinandersetzungen, Konflikte oder heftige Emotionen gibt; eine funktionierende Beziehung ist auch dadurch gekennzeichnet, daß Gefühlsäußerungen akzeptiert werden und die Möglichkeit besteht, den die Gefühle begleitenden Verhaltensweisen einen angemessenen Ausdruck zu verschaffen.

Selbsterfahrung der Erwachsenen

Erwachsene, die selbst zu ihren Ängsten und Belastungen Kontakt gefunden haben, haben auch die Möglichkeit, ähnliche Gefühle bei den Kindern zu erkennen. Erfahrungen über sich selbst zu machen, bedarf einer Grundeinstellung des Hörens und des zeitlichen Versinkens in eigene psychische Befindlichkeiten. Wer dies zuläßt, kann auch über derlei Erfahrungen reden. Äußerungen der Erwachsenen, wie sie etwa selbst mit Angst umgehen oder Gefühle ausdrücken, können den Kindern sehr viel Trost oder – je nach Art der Gefühle – Aufmunterung und Hilfe sein.

Tausch und *Tausch* haben hilfreiche Gespräche untersucht und dafür insbesondere folgende Verhaltenseigenschaften als Voraussetzung herausgefunden:

- Wertschätzung des Partners
- Soziale Umkehrbarkeit von Äußerungen und Verhaltensweisen

- Ruhiges Verhalten
- Freundliche Einstellung
- Verständnis, Ermutigung, Optimismus
- Höfliches Verhalten

Fehlt das Bemühen um solche Eigenschaften, fehlt den Kindern auch die Möglichkeit zu lernen, mit belastenden Erlebnissen umzugehen oder Gefühle der Anspannung und Bedrückung loszuwerden.

Ein Beispiel:

> Jochen kam nach einem längeren Wochenendaufenthalt beim Vater zur Mutter zurück. Nach einer hastigen Begrüßung legte er gehetzt seine Kleider ab und flüchtete in sein Kinderzimmer. Seine Zeichen von Unrast und Unruhe waren in der ganzen Wohnung bemerkbar. Bisher hatte die Mutter darauf nicht reagiert, hatte abgewartet, bis sich Jochen beruhigte, das dauerte oftmals Stunden und Tage. Neuerdings hat sie einen neuen Versuch unternommen: Sie umarmte ihn bei der Rückkehr, sagte ihm positive Worte der Freude und Zuwendung und suchte seine Nähe. Sie riskierte dabei, wenn sie sich unvorsichtig zu weit vorgewagt hatte, daß Jochen mürrisch und abweisend reagierte. Dennoch bewirkte das Interesse der Mutter die Bereitschaft zum Zuhören, so daß Jochen von da an langsam wieder ins Gleichgewicht kam. Nach mehreren Besuchswochenenden fing er an, früher und ausführlicher über seine Erlebnisse beim Vater zu erzählen. Offensichtlich mußte er dies loswerden, weil er ansonsten eine Belastung mit sich herumschleppen mußte, die ihn ärgerte, die ihm zusetzte. Durch die Bereitschaft, auf seine Schilderungen und Erlebnisse einzugehen, half ihm die Mutter, entsprechende Erlebnisse zu ordnen und zu einem positiven Gesamtbild zu verarbeiten.

Umgekehrt zeigt sich oftmals, daß Eltern alles mit Schweigen belegen, was die Erlebniswelt des Kindes beim anderen Elternteil angeht. Sie stellen keine interessierten Fragen nach dem, was die

Kinder beim anderen Elternteil erlebt haben, sie hören kaum hin, wenn das Kind von sich aus mit Schilderungen beginnt, sie bemühen sich nicht, die andere Erlebniswelt des Kindes kennen-zulernen oder auch zu akzeptieren. Solchen Kindern fällt es oftmals stunden- und tagelang sehr schwer, zwei getrennte Erfahrungswelten miteinander zu verknüpfen und die damit verbundene Spannung loszuwerden. Umgekehrt beobachtet man, wenn Kinder offen, spontan und freimütig dem einen Elternteil erzählen können, was sie beim anderen erlebt haben, daß sie keine Angst mehr haben. Es eröffnen sich vielmehr viele Möglichkeiten, Spannungen und Probleme im Einklang mit sich selbst und ohne jemanden zu verärgern und zu belasten, in Ruhe zu ordnen.

Spiel und Darstellung

Spiel ist Ausdruck der Persönlichkeit und die für das Kind besonders typische Form der Welterfassung. Es legt emotionale Kräfte frei und zeigt Lösungswege auf. Ohne Spiel können sich Phantasie und Kreativität nicht entwickeln. Förderung des Spiels, Ermöglichung des Spiels und Erziehung zum Spiel sind ein wesentlicher Beitrag, mit Belastungs- und Trennungssituationen umzugehen. Keine Methode besitzt heilendere Kräfte als das kindliche Spiel. Wenn Kindern die Möglichkeit gegeben wird, mit dem Einsatz ihrer Sinneskräfte Angstsituationen zu bewältigen, dann lernen sie auch, besser damit umzugehen. Mimische, gestische und andere Darstellungsformen können hilfreich sein. Nichts anderes geschieht auch im Märchen, im Kindertheater, im Theater insgesamt. Auch hier geht es darum, daß dem zuschauenden Kind oder Erwachsenen bestimmte Situationen vorgeführt werden, in denen sie selbst auch Gefühle der Angst kennenlernen und miterleben. Durch das Fortschreiten des Spiels und sein gelungenes Ende erhält der Zuschauer auch die Möglichkeit, sich selbst in seiner Begegnung mit seiner Angst positiv zu definieren und Mittel und Wege zu erkennen, mit der Angst umzugehen.

Zumindest erfährt der Zuschauer, daß auch andere Angst haben, was alleine schon tröstlich sein kann. Die Methode des Rollenspiels, des Psychodramas und andere Darstellungsmöglichkeiten können dem Kind eine große Hilfe sein, die Angst wahrzunehmen und durch die Wahrnehmung mit der Angst auch umgehen zu lernen. Jegliches Spiel von Kindern ist eine Hilfe, nicht nur die Welt zu erfassen, sondern auch Angst konstruktiv zu verarbeiten. Kinder, die spielen, die die Freiheit dazu haben und entsprechende Hilfe bekommen, begegnen im Spiel der eigenen Angst mit ihren vielen Gesichtern. Sie können versuchen, mit den ihnen entsprechenden Kräften und Fähigkeiten immer neue Lösungsmöglichkeiten zu entwickeln. Kinder verwenden hierfür allerlei Spielgegenstände und Konstruktionen. Dadurch können sie Schritt für Schritt die eigene Angst positiv bewältigen. Dieser Selbstheilungsprozeß im Spiel ist besonders wichtig, um Kindern die Möglichkeit zu geben, auch mit ihren Trennungsängsten umzugehen.

Hilfreich sind hier auch unterschiedliche Geschichten, Bilderbücher und besonders Märchen, die den Kindern nicht nur die Möglichkeit geben, sich in einer angstfreien Situation mit Trennungsängsten zu identifizieren, sondern die den Kindern auch tröstende, positive Aussichten eröffnen. Sie erfahren dabei immer wieder von neuem, daß es Sinn und Zweck hat, der Angst zu begegnen und sie somit zu überwinden.

Ein Beispiel:

Der Wolf und die sieben Geißlein

»Es war einmal eine alte Geiß, die hatte sieben kleine Geißlein und hatte sie lieb, wie eben eine Mutter ihre Kinder liebt.

Eines Tages wollte sie in den Wald gehen und Futter holen, da rief sie alle sieben herbei und sprach: Liebe Kinder, ich gehe hinaus in den Wald, hütet euch vor dem Wolf! Wenn ihr ihn hereinlaßt, frißt er euch mit Haut und Haar. Der Bösewicht verstellt sich oft. Aber an seiner rauhen Stimme und seinen schwarzen Füßen werdet ihr ihn gleich erkennen. Die Geißlein sagten: Liebe Mutter, wir wollen uns schon in acht nehmen, du kannst ohne Sorge weggehen! Dann meckerte die alte Geiß und machte sich getrost auf den Weg.« *(Hofmann)*

Die Kinder lernen besonders in der Auseinandersetzung mit dem Märchen, daß es allerlei Angsterlebnisse durchzustehen gibt, bis endlich die Angst besiegt wird, und daß es gerade oft dem Kleinsten gelingt, die Angst zu besiegen. Es gibt eine Reihe von Märchen, die als Hilfen eingesetzt werden können, um den Kindern zu ermöglichen, Trennungsängste zu verarbeiten. Eine Menge guter Kinderbücher können dem Kind ebenso helfen, mit der Angst umzugehen.

Aufzeichnungen

Auch im Rollenspiel, durch Erzählungen und allerlei Versteck- oder Suchspiele können Kinder lernen, mit ihrer Angst umzugehen und Trennungsängste zu bewältigen.

Dem Betrachter fällt häufig auf, wie oftmals die Angst der Kinder unerkannt bleibt, wenn Eltern sich trennen und wenn Schwierigkeiten in der Gestaltung der Kontakte entstehen. Sowohl der Verlust von Vertrautheit, Ordnung und Stabilität erzeugt bei Kindern Angst als auch die Begegnung mit Fremdem, Ungewohntem und Neuem, was oft bei Kontakten nach der Trennung der Eltern hervorgerufen wird. Es lohnt sich, gegen diese Angst zu kämpfen, weil erst durch sie das Kind positive und freie Kontakte zu beiden Elternteilen halten und pflegen kann.

Für ältere Kinder wie auch für die Erwachsenen selbst kann es sehr sinnvoll sein, wenn sie die Erlebnisse und Beobachtungen im Zusammenhang von Trennungssituationen oder Besuchskontakten aufschreiben, protokollieren oder in einem Erlebnisbericht niederschreiben.

Die Sprache ist ein gutes Mittel, Erlebnisse zu verarbeiten und

Gedanken zu ordnen. Solche Berichte und Aufzeichnungen ermöglichen dem Leser, Entwicklungen und emotionale Grundstimmungen zu erkennen. Es können positive und verstärkende Rückmeldungen herausgefiltert werden oder auch spezielle Überlegungen über kritische Situationen angestellt werden. Manche Eltern führen auch für sich selbst gleichsam ein Tagebuch über die Gestaltung von Besuchskontakten, aber auch insbesondere über das, was sie dabei denken, fühlen und tun, wenn sich ihr Kind beim anderen Elternteil aufhält. Sie haben sich dadurch eine gute Hilfe eröffnet, solche Zeiten nicht nur zu überbrücken, sondern auch über sich selbst konstruktive Erfahrungen zu machen.

Angstskala

Manche haben sich geholfen mit symbolischen Darstellungsformen. So können Kinder etwa mittels einer Art ablesbarer Skala überlegen, wie sie Situationen des Abschieds oder die Zeit beim anderen Elternteil oder die Rückkehr zur gewohnten Umwelt empfunden haben, positiv oder negativ, kalt oder warm, entspannt oder angespannt, ängstlich oder freudig und so weiter. Es gibt eine Reihe von Darstellungsformen, um solche Gefühlszustände in quantifizierbaren Ausdrucksformen unterzubringen. Manche verwenden auch Zahlen und Ziffern, um solche psychischen Zustände zur Darstellung zu bringen.

Dasselbe gilt auch für die Eltern.

Wenn man sich einer Sache bewußt wird, kann man sie auch, noch ehe es zu spät ist, ändern. Wo man Entwicklungen beobachtet, kann man eher kritische Stellen ausfindig machen und Lösungen frühzeitig entwickeln.

Bei Kindern mit ausgeprägten Verhaltensschwierigkeiten oder Neigung zur Ängstlichkeit fällt häufig auf, daß sie unfähig sind, Spannungszustände und Angstgefühle wahrzunehmen. Bei Kindern, deren Wahrnehmungskräfte und Denkstrukturen sich erst allmählich entwickeln, hat Angst oft deshalb eine sehr zerstörerische Wirkung, weil ihnen die entsprechenden Möglichkeiten der differenziellen Wahrnehmungen und Denkstrukturierungen noch nicht gegeben sind. Bei Kindern können unterschiedliche Beobachtungshilfen dazu führen, daß sie unter Einsatz ihrer Wahrnehmungsleistung und Denkstrukturen in die Lage versetzt werden, die Angst zu beobachten, zu erkennen und dadurch zu bewältigen.

Angstgefühle, die man mit Hilfe einer Skala begrifflich fassen und, soweit es geht, quantitativ einordnen kann, können eher unter die Kontrolle des Ichs kommen und so bewältigt werden. Auch Kinder können einstufen, wie hoch oder wie stark die Angst ist, wenn ihnen entsprechende Vergleichsmaßstäbe geboten werden. Außerdem ermöglichen die Beobachtungen einer Skala, unterschiedliche Wahrnehmungen zwischen Kindern und Eltern bewußt zu machen und zu analysieren.

Beispiel:

Andrea, sechs Jahre, weigerte sich sehr lange, den getrenntlebenden Vater zu besuchen. Der Familienrichter war jedoch der Meinung, daß es keine konkreten Auslöser für ihre Angst gäbe und daß die Mutter mehr Nachdruck darauf verwenden müsse, daß Andrea tatsächlich auch zum Vater geht.

Stunden und auch schon Tage vorher war sie mißmutig und in schlechter Stimmung und in ihrem Verhalten sehr ängstlich. Den Abschied von der Mutter konnte sie kaum verkraften und auch beim Vater war sie anfänglich sehr gedrückter Stimmung und scheu. Weil beide beteiligten Bezugspersonen das Ziel hatten, Andrea zu helfen, diese Angst überwinden zu lernen, wurde in einem gemeinsamen Gespräch mit ihr vereinbart, daß sie, beginnend drei Tage vor dem Kontakt mit dem Vater, täglich ihre »Angstskala« ablesen sollte. Dabei hatte sie die Aufgabe, auf einer Skala von 0–10 jeweils die Stärke ihrer Angst einzutragen, wobei 0 »keine Angst« und 10 »überaus große Angst« bedeutete. In ähnlicher Weise wurden auch die Eltern gebeten, Andrea daraufhin zu beobachten. Die Beobachtungen wurden auch während der Besuchszeit beim Vater und auch nachher wiederholt. Anfänglich war es für Andrea ungewohnt und teilweise auch spannungserzeugend, immer wieder auf ihre Angst achten zu müssen oder zu erleben, daß sie diesbezüglich von ihren Eltern beobachtet wurde. Nach kurzer kritischer Phase aber lernte sie, durch den Einsatz ihrer Wahrnehmungskräfte die Angst unter die Kontrolle der eigenen »Ich-Leistungen« zu bringen. Ihre Angst wurde von Woche zu Woche schwächer. Dementsprechend nahmen die Freude und die Bereitschaft, zum getrenntlebenden Vater zu gehen, zu, und es wurden sehr wertvolle und erlebnisreiche Stunden daraus.

Angst, die nicht verdrängt wird, die also ins Bewußtsein gerückt wird, verliert nicht nur an Bedeutung, sondern stärkt auch das Ich und seine Kräfte. Eine »Angstskala« ermöglicht auch, die Einschätzungen der Kinder und ihrer Eltern in bezug auf die Intensität von Angstreaktionen zu vergleichen. Dabei stellt man häufig fest, daß die Bezugspersonen eher dazu neigen, die Angstreaktionen der Kinder drastischer zu beurteilen und in ihrer Auswirkung dramatischer einzuschätzen als die Kinder selbst.

Begreifen von Angst

Jeder Mensch kennt Angst. Oft beruht die Angst der Kinder auf unangemessenen Denkinhalten und eingeschliffenen Denkgewohnheiten. Kinder in ihrer Angst haben oftmals das Gefühl, daß sie alleine Angst durchstehen müssen. Es ist für Kinder eine tröstliche und korrigierende Erkenntnis zu wissen, daß Angst zum Leben gehört, daß Erwachsene auch über ihre Angst zu sprechen bereit sind. Solche Kinder fühlen sich nicht alleingelassen und müssen sich selbst nicht als jemand einstufen, der abgetrennt und isoliert überwältigender Angst ausgesetzt ist.

Angst verschwindet nicht, wenn man ihr ausweicht. Entgegen der Alltagshypothese, daß kindliche Angstreaktionen mit der Zeit von selbst verschwinden, wenn man etwa ein Kind vor Kontakten mit Angst schützt, zeigt die Erfahrung, daß ein Ausweichen die Angst nicht verringert. Eine solche Erkenntnis kann dazu verhelfen, dem Kind Mut zu machen und sich selbst als Erwachsener Kraft zu geben, mit der Angst aktiv umzugehen. Es ist also oftmals eine kognitive Umstrukturierung notwendig. Neue Erkenntnisse können helfen, mit der Angst besser umgehen zu lernen. Hierzu hilft auch die Erfahrung, daß Angst mit anderen Gefühlen oftmals vermischt ist. Vieles, was Kinder als Angst bezeichnen, ist mit zahlreichen anderen Gefühlen vermischt, etwa mit der mangelnden Bereitschaft, Grenzen zu akzeptieren oder Frustrationen zu ertragen. Oder die Angst ist von dem intensiven Wunsch begleitet, jegliche Aufmerksamkeit auf sich zu ziehen. Kinder merken oftmals schnell, daß Angst ein günstiges Mittel ist, Zuwendung von den Eltern zu erreichen oder von Forderungen entlastet zu werden, die die Umwelt an die Kinder stellt, ihnen aber Unbehagen bereitet.

Beispiel:

> Claudio wurde im Rahmen einer psychologischen Untersuchung in bezug auf seine Beziehungen zu beiden Eltern untersucht. Er erschien bei der ersten Untersuchung als sehr ängstlicher Junge. In den Spielgestaltungen und in der Analyse seiner Wahrnehmungen war aber davon wenig zu beobachten. Erst der Kontakt mit seiner Mutter machte deutlich, daß diese sehr besorgt darum war, Claudio unangenehme Gefühle zu ersparen. So versuchte sie immer wieder, Claudio zu beruhigen und besondere Fürsorge zu zeigen, wenn er sich ängstlich verhielt oder wenn es ihm irgendwie unwohl zumute war. Claudio hat im Verlauf seiner Entwicklung gemerkt, daß er immer dann, wenn er zusätzliche Zuwendung von der Mutter bekommen wollte, Angstreaktionen zeigen müsse, damit er so zu einem günstigen Ergebnis komme. Hier hatte vor allem die Mutter zu lernen, wie

sie mit dem Gefühl der eigenen Angst adäquater umgehen könne, und wie sie wirkliche Angst unterscheiden könne von Reaktionen, die mit einem anderen Inhalt verbunden sind. Dies zu unterscheiden war wichtig, weil sonst der Vater kaum Gelegenheit gehabt hätte, seine Beziehung zu seinem Kind zu pflegen, und umgekehrt auch Claudio keinen Ausweg gefunden hätte aus seiner Tendenz zur Ängstlichkeit.

Ablenkung

Vorbeugend sind keine Mittel gegen Angst erfolgreicher als das Gefühl von Ordnung und Sicherheit, als positive Weltsicht und bejahende Grundstimmung. Eltern, die um sich herum Menschen erleben, die in Harmonie zu sich selbst stehen, die also eine anthropologische Ordnung für sich und die Erscheinungen der Umwelt entwickelt haben und selbst in ihrem Verhalten Hoffnungsträger sind, können eine freundschaftliche Zuversicht an die Kinder heranbringen. Sie macht ihnen Angst erträglich und vermittelt ihnen immer wieder die Botschaft: Es gibt zwar Angst – aber am Ende steht die Hoffnung! Die Angstbewältigung der Kinder hat deshalb sehr viel damit zu tun, wie die Erwachsenen selbst mit der Angst umgehen lernen und welche Lebenseinstellung sie entwickelt haben.

Aufbauend auf eine solche Grundstimmung gelingt es vielen Eltern, Kindern zu helfen, aus sehr angstbesetzten Situationen wieder herauszufinden.

Oftmals aber ist es nicht möglich, daß überlegte, sinnvoll geplante, zeitaufwendige Angstbewältigungsschritte eingeleitet werden. Schnelles Handeln ist notwendig, wenn die Angst wie ein plötzliches Unwetter auf das Kind einstürmt, Panik und Entsetzen hervorruft, und der Ablauf von Gefühlen und Verhaltensweisen in Unordnung gerät. Hier hilft meist nur ein schnelles Beenden der negativen Übermacht durch Ablenkung, schnelles Ausweichen und raschen Wechsel der Situation.

Ein Beispiel:

> Sebastian sollte nach dem Beschluß des Familienrichters nach längerer Zeit wieder den Vater besuchen. Er war aber innerlich nicht bereit dazu. Auch für die Mutter bedeutete das ein schweres Opfer.
>
> Stunden vor dem Zeitpunkt, zu dem der Vater den Jungen abholen sollte, wuchsen die Anspannung und Niedergeschlagenheit des Jungen an. Auch auf die Mutter übertrug sich das Gefühl und wirkte verstärkend auf den Jungen zurück. Die Angst schnürte alle seine Gedanken und Handlungen zu. Da hatte die Mutter die Idee, daß sie mit Sebastian noch schnell beim Nachbarn den Hasen füttern sollten, den sie während der Abwesenheit der Nachbarn zur Pflege übernommen hatten. Diese Ablenkung verhalf beiden über das Ärgste hinweg. Mit neuen Erfahrungen, mit etwas mehr Distanz und erfüllt mit lebendigen Erlebnissen konnte der Junge dann sehr viel leichter den Abschied von der Mutter überwinden und die Ängstlichkeit aushalten, die ihn befiel, wenn er an die Abwesenheit der Mutter und den Kontakt mit dem Vater dachte.

Solche Ablenkungsvorschläge bilden jedoch die Ausnahme. Sie sind nur dann sinnvoll, wenn Gefahr besteht, daß es sonst zu Blockierungen des Verhaltens kommt, zu schockartigen Angsterlebnissen oder zu chaotischen Reaktionen.

Systematischer Abbau von Angst

Beim Auftreten von Angst handelt es sich, wie oben gezeigt wurde, um ein unangemessen hohes zentral-nervöses oder vegetatives Erregungsniveau. Dies zeigt sich in beschleunigter Herz- und Atmungstätigkeit, im erhöhten Grundtonus, einer vermehrten Schweißaussonderung und dergleichen. Es wurden mehrere Techniken entwickelt, mit denen ein überhöhtes vegetatives und zentral-nervöses Erregungsniveau gesenkt oder ein schneller Anstieg bei unterschiedlichen Reizgegebenheiten verhindert werden kann. Zu ihnen zählen systematische Entspannungsverfahren. Obwohl diese Methoden nur klinischen Fachkräften vorbehalten bleiben, lassen sich dennoch einige praktische Methoden ableiten, mit denen Kinder lernen können, schrittweise mit der Angst umzugehen, etwa ruhiger zu atmen, ihr Erregungsniveau bei Anspannung zu senken, ihre Motorik zu steuern und auf redundante (überflüssige) Verhaltensweisen zunehmend verzichten zu lernen. In einer entspannten Situation ist es Kindern eher möglich, schrittweise in Kontakt mit gefürchteten oder angstbesetzten Situationen oder Gedanken zu kommen, ohne daß sie von der Angst überwältigt werden. Allmählich kann dadurch erreicht werden, daß die Angst reduziert wird.

Beispiel:

Doris, sechs Jahre, berichtete über massive Trennungsängste, wenn sie zu Besuch beim anderen Elternteil war. Nach einer ausführlichen psychologischen Analyse wurde mit Doris und ihren Eltern zusammen eine Angsthierarchie erstellt. Dabei wurden jeweils Angstsituationen getrennt auf Karten geschrieben, und danach von Doris ihrer Bedeutung nach geordnet: Doris hatte etwa Angst, wenn sie in einem fremden Bett schlafen mußte; sie hatte Angst, daß der Mutter etwas zustoßen könnte; sie hatte Angst, der Vater würde mit ihr schimpfen, wenn sie bei ihm ist und sich nicht richtig verhalten würde; sie hatte Angst vor Gewitter, daß das Haus brennt, sie mit dem Auto einen Unfall haben werden usw. Das Erstellen einer Angsthierarchie ermöglichte Doris in einer angstfreien Situation, ihre unangenehmen Gefühle kennenzulernen, über sie zu reden, sich ihrer bewußt zu werden; dies allein übte angstlösenden und angstreduzierenden Einfluß aus. Im Sinne der systematischen Desensibilisierung wurde Doris zuerst in eine entspannte Situation versetzt (ruhig atmen, still daliegen, positive Instruktionen usw.). Schließlich wurde Doris die erste Karte gezeigt, mit ihr besprochen; Gedanken wurden dazu entwickelt, alternative Verhaltensweisen sprachlich oder durch Darstellungen ausprobiert. Nach der Bewältigung der ersten Situation in der Angsthierarchie gelangte man schrittweise zu den nächsten Situationen. Manche Situation mußte mehrmals angegangen werden, bis die damit verbundene Angst bewältigt werden konnte. Nach mehreren Versuchen war es Doris möglich, mit ihrem Vater ohne Angst das Besuchswochenende zu verbringen, und Monate nachher erzählte sie, daß sie zwar leichte Angstzustände immer wieder habe, aber durch die Methode des Entspannens gelernt habe, konstruktiv damit umzugehen. Vorteilhaft hat sich dabei ausgewirkt, daß beide Eltern bereit waren, Doris mit geeigneten Mitteln zu helfen, ihre Angst zu bewältigen. Nach der Überwindung dieser unangenehmen Gefühle hatte Doris in ihrer Entwicklung einen großen Schritt gemacht und war überglücklich, daß sie zu beiden Eltern eine positive Beziehung halten und pflegen konnte.

Autogenes Training für Kinder

Wer richtig zu atmen gelernt hat und auf seinen Körper Rücksicht nehmen kann, dem kann die Angst kaum gefährlich werden. Neben dem systematischen Abbau von Angst (systematische Desensibilisierung) eignet sich das autogene Training für Kinder in hervorragender Weise, Ängste und Anspannungen zu bewältigen, die mit Trennungssituationen jeglicher Art verbunden sind *(Kruse; Kemmler)*. Diese Methode, die auch für Erwachsene mit großem Nutzen eingesetzt werden kann, besteht darin, durch Selbstinstruktionen zu üben, seinen Körper ruhigzustellen und aus der entspannenden Kraft von Atem- und Herztätigkeit eine Ruhigstellung auch der psychischen Grundstimmung zu erreichen. Die Methode ermöglicht jeweils, in die Situation körperlicher und psychischer Beruhigung zurückzukehren, wenn Spannungszustände auftreten. Außerdem wird durch sie eine generelle Ruhigstellung des körperlichen Tonus erreicht, was wiederum dazu führt, daß die Widerstandsfähigkeit und Resistenz gegenüber Irritationen jeglicher Art zunehmen.

Auch diese Methode sollte mit Fachkräften eingeübt werden und bedarf einer entsprechenden qualifizierten Begleitung.

Ein Beispiel:

> Michael war nicht mehr wiederzuerkennen, wenn jemand von seinem Vater sprach, oder wenn er ihn selbst auf der Straße traf. Er wurde bleich, sein Herz klopfte in rasendem Tempo, seine Handflächen wurden feucht und auch in seinem ganzen Verhalten war größte Unruhe zu beobachten.
>
> An eine Regelung der Besuchskontakte zu seinem Vater war nicht zu denken, ehe Michael nicht in die Lage versetzt werden konnte, ohne Angst auf die Anwesenheit des Vaters zu reagieren. Was auch immer die Ursache dafür war, der Vater wurde zu einem im höchsten Ausmaß angstbesetzten Auslöser.
>
> Der Familienrichter überzeugte beide Eltern, die um das Besuchsrecht stritten, einzuwilligen, daß Michael zuerst im Rahmen einer psychologischen Therapie von seiner übermäßigen Angst befreit werden sollte, ehe ein geregelter Kontakt des Jungen mit seinem Vater eingerichtet werden könne.
>
> Michael durchlief nach geraumer Zeit der Vorbereitung ein autogenes Training, an dem sich auch seine Mutter beteiligte. Es wurde durch allerlei ähnliche Methoden ergänzt und durch Spiele aufgelockert. Schließlich war Michael nach drei Monaten in der Lage, angstfrei und selbstbewußt auf die Anwesenheit seines Vaters zu reagieren. Von diesem Zeitpunkt an war auch die Regelung der Besuchskontakte sinnvoll.

Positives Zutrauen

Angst ist, wie oben ausgeführt wurde, ein Bestandteil des Lebens. Wer nicht lernt, mit Angst umzugehen, wird von der Angst überrollt. Angst, ein schlechter Ratgeber, greift um sich, je weniger man gegen sie angeht.

In der Psychotherapie wurden mehrere Methoden entwickelt, wie Angst auszuhalten und zu bewältigen ist. Wichtige Bestandteile dabei sind die Bewußtmachung von Angst und ihren Ursachen sowie das Bewältigen von Angst in einem mit Angst unverträglichen Rahmen. Ein Gegengewicht zur Angst bildet das ruhige positive Verhalten des Therapeuten, die Arbeit mit der Vorstellung von Angst, eine positive und beruhigende räumliche Atmosphäre und die Verfügbarkeit entsprechender Zeit.

In manchen Therapien werden systematische Hierarchien entwickelt, Einzelschritte bis ins einzelne geplant, um Angst in einer angstunverträglichen Situation allmählich überwindbar zu machen.

In der normalen Entwicklung eines Kindes geschieht Entsprechendes. Eltern fördern es, daß Kinder Schritt für Schritt mit Neuem und Ungewohntem konfrontiert werden und dem Fremden gegenüber mehr Vertrautheit entwickeln, indem sie dem Kind schrittweise solche Erfahrungen vermitteln. Das bedeutet der Begriff »positives Zutrauen«.

Es ist konsequent und sinnvoll, wenn Kinder etwa nach der Trennung der Eltern mit Rückzug und Abwehr reagieren. Dies ist mit Angst verbunden, und Angst verstärkt entsprechend das Verhalten.

Erst vor dem Hintergrund eines positiven Zutrauens kann das Kind schrittweise solche Widerstände und ängstliche Abwehrmechanismen durchbrechen und den Kontakt mit dem anderen Elternteil frei und positiv entwickeln.

Wenn ein solches positives Zutrauen aber fehlt, verstärken sich Angst und Vermeidungstendenzen, und Lösungen werden dadurch sehr erschwert. Familienrichter jedoch – basierend auf entwicklungspsychologischen Erfahrungen – muten Kindern solche Schritte zu, weil erst durch deren Bewältigung sich ein freier Kontakt zum getrenntlebenden Elternteil entwickeln kann.

Ein Beispiel:

> Ingo hatte sich vollkommen in sich zurückgezogen, seitdem der Vater nicht mehr im Haus war. Immer häufiger hielt er sich in seinem Zimmer auf und immer seltener lud er Freunde zu sich ein.
>
> Obwohl der Junge sich intensiv dagegen wehrte, arbeitete die Mutter dem Ziel entgegen, daß der Junge wieder den Vater besuchte. Ingo war zwar nicht begeistert, er willigte aber doch ein, daß der Vater ihn zu sich holte. Anfänglich war es für ihn nicht sehr leicht, doch mit der Zeit öffnete er sich immer mehr dem Kontakt zu seinem Vater und entwickelte im Lauf der Zeit rege Spielfreude und Unternehmungslust.
>
> Zum Schluß des Besuches wurden bereits wieder neue Pläne für den nächsten Besuch entwickelt. Zu Beginn des neuen Kontaktes war allerdings zu beobachten, daß Ingo sich dagegen sträubte und angespannt war. Nachdem er aber auch beim nächsten Besuch wieder positive Erfahrungen gemacht hatte, legten sich langsam seine Abwehr und seine Ängstlichkeit und er wollte nicht nur gern bei seinem Vater sein, sondern wirkte auch in seinem gesamten Verhalten freier und unbelasteter. Von da an lud er auch wieder häufiger Freunde zu sich ein.

Die Angst wird nicht dadurch bewältigt, daß man die Auslöser vermeidet, sondern daß man Schritt für Schritt Wege ausfindig macht, um ihre Wurzeln zu beseitigen. Wenn etwas Angst noch zurückbleiben sollte, gelingt es nur, mit dieser Angst zurechtzukommen, wenn man ein positives Zutrauen sich selbst und dem Leben gegenüber entwickelt. Wer sich selbst zutraut, Angst zu ertragen, kann das auch anderen zutrauen, weil der Weg durch die Angst zum Lebendigsein führt.

Wie erleben Eltern eine Trennung?

Kindern hilft am meisten, wenn deren Eltern psychische Probleme meistern. Sie nehmen Schaden, wenn ihre Eltern sich bekämpfen, verletzen und rücksichtslos um ihren vermeintlichen Vorteil kämpfen.

Bittere Erfahrung für viele: Kampf und Streit

Der Streit um das Sorgerecht und um den Kontakt mit dem getrenntlebenden Kind nimmt sehr häufig ein Ausmaß an, das für Außenstehende als bedrückend und auch erschreckend erlebt wird. Manche Erwachsene entwickeln oft über Jahre hinweg sich immer wiederholende Argumentationsketten, Zerrbilder der Wirklichkeit und feingesponnene Verletzungsstrategien. Der außenstehende Beobachter könnte vermuten, daß sich darin eine bis ins Innerste destruktive Neigung Ausdruck verschafft. Sigmund *Freud* hat am Ende seines forschenden Bemühens neben dem Lebens- und Liebestrieb eine eigene Triebenergie postuliert, um die von ihm so zahlreich beobachteten Aggressionen und Verletzungen und das bewußte Zufügen von Leid, das er zunehmend häufiger in seiner Umwelt beobachtet hatte, zu erklären, nämlich den sogenannten Todes- und Destruktionstrieb. Die psychische Gewalt, der Haß, der Tötungswille und die Verletzungsabsicht, die Kriege, die Feindseligkeit zwischen Völkern und Ländern haben ihn dazu gebracht, hinter dieser zerstörerischen Wirkung einen eigenen Trieb zu vermuten, nämlich den Trieb zu töten, zu zerstören, aufzulösen: den Todestrieb. Es wird später zu zeigen sein, daß dieser Rückbezug und Erklärungsversuch nicht ausreicht, Aggressionen und Verletzungen im Bereich zwischenmenschlicher Beziehungen oder Trennungen zu erklären. *Freud* – sein Verdienst bleibt ungeschmälert – hat sich auch Gedanken darüber gemacht, wie es möglich ist, diesen zerstörerischen Trieb in Schach zu halten. Es gehört zu den wichtigsten kulturellen Leistungen des Menschen zu lernen, bestimmte Regeln, Normen und Werte anzuerkennen, die ihn davon abhalten, seinen Aggressionen freien Lauf zu lassen und jegliche Verletzungsabsicht zu vollenden. So lernt das Kind im Laufe seiner Entwicklung durch das strikte Verbot der Eltern, die es liebt, davon abzulassen, seine Geschwister zu beißen, zu kratzen oder mit spitzen Gegenständen auf sie loszugehen. Allmählich lernen die Kinder auch im Verlauf ihrer Entwicklung einen von der sozialen Umwelt akzeptierten Sprachgebrauch, negative Emotionen, wie Haß, Wut und Aggression auszudrücken. Die Tiefenpsychologie hat aufgezeigt, daß es zahlreiche Möglichkeiten gibt, aggressive und destruktive Triebenergien nicht nur in Grenzen zu halten, sondern sogar sinnvoll zu nutzen. Durch Sublimierung können so beachtliche soziale, große kulturelle oder hervorragende künstlerische Leistungen entstehen. Am Ende einer reifen Persönlichkeitsentwicklung sollte es dem Menschen möglich sein, Wut, Ärger, Verletzungen und Streitigkeiten in einer Art und Weise austragen zu lernen, die mit einem anderen Grundbedürfnis vereinbar sind, nämlich dem Wunsch nach Respekt, nach Menschenwürde und Anstand. Philosophie, Religion, Kulturwissenschaften und Sozialphilosophien haben eine Reihe von Regeln entwickelt, die dafür anwendbar und sozial wünschenswert sind. Die Diskussion darüber ist nicht beendet und wird auch nie ein Ende finden, solange Menschen sich bemühen, ihre Liebesenergien genauso zum Ausdruck zu bringen wie ihre Bedürfnisse nach Aggression. Jeder reife Mensch muß eine Synthese zwischen negativen und positiven Gefühlen erreichen, bei der nicht nur die eigene Befriedigung im Vordergrund stehen sollte, sondern auch die Rechte und die Würde des anderen.

Bei Eltern, die oft lang andauernde Konflikte während ihrer Beziehung oder Ehejahre durchlitten haben, läßt sich die Entstehung eines Teufelskreises beobachten. In der Anfangsphase von Streit und Konflikten gelten meist noch bestimmte Regeln. Da sie häufig nicht den gewünschten Erfolg bringen, werden solche

Regeln der Konfliktbewältigung langsam immer weniger beachtet. Auf diese Weise weitet sich der Streit aus, die Verpflichtung zu eigenen moralischen Werten wird über Bord geworfen und oftmals auch die Würde des anderen nicht mehr entsprechend respektiert. So kommt es dazu, daß im Laufe der Zeit der Streit immer offener, totaler und auch brutaler wird. Es ist verständlich, daß ein derartiger Kampf bis aufs Messer bei Kindern eine verheerende Wirkung hat, was sich in deren Äußerungen und Verhaltensweisen zeigt. Hat einmal die Auseinandersetzung zwischen Ehepaaren eine solch totale Form erreicht, sind die Aussichten sehr gering, Kompromisse zu ermöglichen und an den Ausgangspunkt des Streits zurückzukehren. Richtern, fachkundigen Sozialpädagogen und Psychologen bleibt dann oft nur noch übrig, das Resultat zu konstatieren. Es bleibt bestenfalls die Hoffnung, daß wenigstens die Zeit Wunden heilt, und durch räumliche Trennung Abstand möglich wird, aufgrund dessen vielleicht neue Formen der Konfliktbewältigung Anwendung finden können. Bei Beobachtern bleibt dagegen ein hilfloses Gefühl, mit ansehen zu müssen, wie Aggressionen zunehmend positive Kräfte ersticken lassen, wie der Kampf bis zur Erschöpfung weitergetragen und die Verletzungsabsicht grenzenlos wird. Nirgendwo ist das Eingestehen von Hilflosigkeit bei denen, die solche Konflikte mitansehen müssen, deutlicher als in solchen Situationen. Erschütternd ist auch die Erfahrung, daß die Geduld des einen zur Macht des anderen werden kann. Die Bereitschaft zur Fairneß wird oft vom anderen Partner als Möglichkeit angesehen, die eigene Macht noch mehr auszuspielen. Im Streit um das Kind und den Kontakt zu ihm wirken unterschiedliche Temperamente, persönliche Erfahrungen und übernommene Methoden, Konflikte zu lösen und Streit auszutragen. Weil diese unterschiedlich sind, kann es bisweilen zu Unausgewogenheiten und Ungleichheiten kommen, die den Ansatz zu Ungerechtigkeit beinhalten.

Ein Beispiel:

Frau und Herr Walter stritten um das Sorgerecht ihres Kindes vor Gericht. Seit der Trennung seiner Eltern lebte der sechsjährige Michael bei der Mutter. Der Vater arbeitete als aufstiegsorientierter Beamter in einer entfernten Stadt. Aus Sorge um sein Kind, wie er es ausdrückte, und wegen häufiger beobachteter Vernachlässigungen von seiten der Mutter beantragte er, daß die elterliche Sorge für den Jungen auf ihn übertragen werde. Er behauptete, daß seine intensive und lebhafte Bindung zu dem Jungen stärker ist als die zwischen dem Jungen und der Mutter. Sprachlich differenziert, geschickt und gekonnt formulierte der Vater Schriftsätze, in denen er sein Anliegen begründete. Er nahm einen ebenso geschickten Rechtsanwalt in seine Dienste, der bekannt und erfolgreich ist. Das Jugendamt an seinem Wohnsitz bescheinigte dem Vater erfolgreiches, positives und tadelloses Verhalten. Der zuständige Sozialarbeiter beobachtete auch den Kontakt zwischen dem Vater und dem Kind an Ort und Stelle und konstatierte eine sehr enge und unzweideutige Bindung zwischen dem Vater und dem Kind und befürwortete die Übertragung der elterlichen Sorge auf den Vater. Das zuständige Jugendamt am Wohnsitz der Mutter jedoch kam zum Ergebnis, daß die elterliche Sorge für Michael weiterhin die Mutter ausüben solle.

Aufgrund einer richterlichen Entscheidung wurde fachpsychologisch abgeklärt, zu welchem Elternteil der Junge eine stärkere Bindung habe. Die Eltern waren auch bereit, in einem gemeinsamen Gespräch ihre Anliegen abzuwägen.

Dabei zeigte sich folgendes:

Mit festem Blick, deutlicher Artikulation, nach vorne geneigtem Oberkörper und sprachlich sehr geschickt brachte der Vater seine Anliegen vor, und sie waren allesamt nachvollziehbar und begründbar.

Die Mutter saß in sich gekehrt, oftmals mit traurigem Körperausdruck, mit hilfloser Mimik ihrem von ihr getrenntlebenden Mann gegenüber und zeigte Schwierigkeiten, sich auszudrücken und zu konzentrieren. Auch ihre Gefühle konnte sie kaum unter Kontrolle halten.

Die Interaktionsbeobachtung zwischen den Eltern und ihrem gemeinsamen Kind zeigte Entsprechendes. Beim Vater war der Junge so, wie der Vater ihn gerne haben wollte, aufrecht, offen, auf Stärke und Jungenhaftigkeit orientiert. Im Kontakt mit seiner Mutter waren sehr viel mehr Ruhe, Innigkeit und Beziehungsintensität zu beobachten. Mit dem Vater war Michael aktiv, lebhaft, mächtig und rege, bei der Mutter war er still und gefühlsbezogen. Eine genaue Analyse der Bindungs- und Motivationsstruktur war notwendig, um das suggestive Gewicht richtig einzuschätzen, das den Jungen bewog, eher beim Vater sein zu wollen. Wenn er aber von ihm entfernt und bei der Mutter war, äußerte er den Wunsch, bei ihr bleiben zu wollen. Die Analyse der suggestiven Machtausübung des Vaters über seinen Jungen zeigte sich als wichtiger Faktor in der Untersuchung der Bindungen des Kindes an seine Eltern. Weil dieser Faktor ins Untersuchungskalkül gezogen wurde, war feststellbar, daß der Junge zu seiner Mutter eine innigere und positivere Beziehung hatte und auch schließlich daran nichts ändern wollte. Nach Abschluß der Begutachtung war der Vater sehr bemüht, die Argumente nachzuvollziehen, die die fachpsychologische Untersuchung erbracht hatte. Von der suggestiven Erwartung durch den Vater befreit, wirkte der Junge locker, offen und gut sozial orientiert.

Bei richterlichen Entscheidungen und Begutachtungen ist besonderes Augenmerk darauf zu verwenden, daß eine gewisse kommunikative und soziale Gerechtigkeit die Grundlage der Entscheidungen des Sorgerechts und des Besuchsrechts bildet. Häufig genug nämlich siegt der Stärkere, der Unverfrorene, der Temperamentvollere und der, der geschickter seine Argumente auszuspielen in der Lage ist. Der Geduldigere, der Zurückhaltende und der Zweifelnde kommen ins Hintertreffen. Deshalb ist es bei ähnlichen Fragen von großer Bedeutung, daß jeder seine individuelle Chance bekommt, seine Gefühle, Argumente und Gedankengänge so darzustellen, wie es ihm entspricht. Ruhiges Eingehen, milde Nachdenklichkeit und geduldiges Warten sind deshalb nötige Eigenschaften, um die Frage kommunikativer Gerechtigkeit sinnvoll zu klären.

Wie auch später zu zeigen sein wird, ist es besonders wichtig dabei zu beobachten, wer den Sprachduktus in welcher Weise bestimmt und beeinflußt, wie Syntax und Grammatik verwendet werden, mit welcher Lautstärke der jeweilige Partner spricht, und mit welcher Modulation der Gedankengang begleitet wird. Wichtig ist auch zu beobachten, wer an welcher Stelle längere oder kürzere Pausen macht, wer den anderen und bei welchen Gelegenheiten unterbricht, wer an seine Gedanken Rufzeichen anbringt oder Sätze mit Fragezeichen oder offenem Inhalt formuliert. Besondere Bedeutung kommt dabei der Analyse körperlicher und gestischer Beziehungselemente zu. Sie ermöglicht zu erkennen, in welcher Weise Gedanken durch körperliche Ausdrucksformen unterstützt oder entwertet werden, oder ob durch körperliche Reaktionen Widerspruch dazu ausgedrückt wird. Der Kampf bis zur Erschöpfung wird deshalb so endlos und fatal, weil sich ein derartig zerstörerischer Prozeß immer wieder von selbst in Gang bringt und kein Ende mehr gefunden wird. Diesen Kampf zu entkrampfen, Chancen ausfindig zu machen, Gemeinsamkeit entstehen zu lassen und Versöhnungsabsichten herauszufiltern, ist meist nur unter fachkundiger Hilfe möglich – und auch da sind enge Grenzen gesetzt.

Gibt es eine Trennung ohne Niederlage für das Kind? Streit und Konflikte innerhalb einer Partnerschaft sind oftmals zermürbend und endlos, obwohl die Eltern in ihrer subjektiv besten Absicht handeln, ihrem Kind die schmerzlichen Folgen einer Trennung zu ersparen. Wie kommt es dazu, daß Eltern mit besten Absichten dennoch Leid- und Schmerzvolles bei ihrem Kind bewirken? Fragt man Eltern, ob sie bewußt ihrem Kind wehtun wollen, dann würden sie entrüstet mit »nein« antworten. Zwischen den Absichten und den tatsächlichen Wirkungen scheinen manche Widersprüche verborgen und ganz unterschiedliche, gegensätzliche Motive am Werk zu sein. Auch in anderen Lebensbereichen ist feststellbar, daß gutgemeinte Worte oft das Gegenteil dessen bewirken, was beabsichtigt ist, daß fürsorgliche Unterstützung hilfreicher Freunde eher Widerstand und Abwehr hervorrufen und daß betonte Freundlichkeit als zynische Mißachtung erlebt wird. Um solche Widersprüche zu erkennen, erscheinen manche Voraussetzungen notwendig, die nicht von vornherein gegeben sind, um aus dem Dickicht der Beobachtungen, Einstellungen und Gedankenmuster eine zielführende Linie zu finden. Viele Eltern sind zwar bei einer bevorstehenden Trennung oder während einer Scheidung auf der Suche nach einer Methode, die Konflikte möglichst so zu lösen, daß sie aus der Krise herauskommen und vor allem, daß den betroffenen Kindern dabei möglichst wenig psychischer Schaden oder Leid zugefügt wird. Beobachtet man aber einzelne Schicksale, so stellt man häufig fest, daß manche sehr schnell aufgeben, wenn sich der Erfolg nicht einstellt, daß manche den Mut sinken lassen, wenn die schwierige Kleinarbeit beginnt, und danach sehr häufig das Gegenteil von dem tun, was sie ursprünglich vermeiden wollten: Beschuldigung, Kampf und Streit, Zerwürfnis und Aggression. Trennung ohne Niederlagen für das Kind sind möglich, wenn die Beteiligten bereit sind, alteingeschliffene Handlungsmuster und Beurteilungen zu hinterfragen und eventuell auch zu korrigieren.

Welche Erfahrungen berichten Eltern über Trennungs- und Scheidungsprobleme, welche Hilfen haben sie bekommen, was müßte geschehen, damit ähnliche Probleme besser gelöst werden können, und welche Anregungen geben sie?

Erfahrungen von Eltern – empirisch untersucht

Erwachsene, die sich trennen, haben nicht nur die Trennung von ihrem Partner zu bewältigen, die Veränderung des Freundeskreises, die Auswirkungen von Scheidung auf Beruf und Umwelt, die wirtschaftlichen Probleme, sondern insbesondere die Frage der elterlichen Sorge über die gemeinsamen Kinder. Immer häufiger werden Familien mit Kindern geschieden. *Hageman-White* und *Wolff* (1975) haben festgestellt, daß 1957 in 57 % der geschiedenen Ehen minderjährige Kinder vorhanden waren; 1972 waren es 63 %; insgesamt wurden in diesem Jahr 95 702 Kinder zu sogenannten Scheidungswaisen. Da nach neueren Rechtsprechungen nicht mehr nach dem Schuldprinzip geschieden wird, sondern nur mehr das Scheitern der Ehe beziehungsweise die Zerrüttung der Beziehungen festgestellt wird, kommt es oftmals wegen des Rechts der elterlichen Sorge der gemeinsamen Kinder zu erheblichen Schwierigkeiten. Wie bereits verdeutlicht, erleben Kinder oftmals die Scheidung ihrer Eltern als Trauma, mit zahlreichen Ängsten, Verlassenheitsgefühlen und unbewältigten Emotionen. Verstärkt werden diese Probleme dadurch, daß viele Eltern den Streit untereinander auf dem Rücken der Kinder weiterführen. Unter dem Vorwand des Kindeswohles werden oft eine Reihe persönlicher Verletzungen zurückgezahlt oder materielle Vorteile zu erlangen versucht. Mit der Trennung beginnt manchmal ein heftiger Kampf, wenn die Eltern nicht schon vorher eine Einigung über das Sorgerecht und die Unterbringung ihrer Kinder erreicht haben.

In der folgenden Erhebung wurden 135 Eltern, die sich scheiden ließen, nach ihren Erfahrungen befragt (Fragebogen siehe Anhang). 63,7 % der befragten Eltern waren sehr kooperativ. 36,3 % der Eltern hingegen waren zu einer Zusammenarbeit nicht bereit. Die Analyse ihrer Beweggründe kommt zu einem ziemlich eindeutigen Ergebnis. Es ist die Zahl der Enttäuschten, die entweder durch Gerichte oder durch beauftragte psychologische Sachverständige nicht entsprechende Hilfe und Bestätigung ihrer Auffassungen erreichen konnten und deshalb teilweise hadernd, teilweise resigniert nicht bereit waren, an einer derartigen Untersuchung konstruktiv mitzuarbeiten. Bei allen folgenden Ergebnissen ist diese Zahl mit zu berücksichtigen, um nicht aus der

Zahl derer, die an der Studie aktiv mitgemacht haben, falsche Schlüsse zu ziehen.

Bei 44 % handelt es sich um Familien mit Einzelkindern; bei 39 % sind es Familien mit zwei Kindern; bei 17 % dreht sich die Frage der elterlichen Sorge um drei Kinder und mehr.

Von den erfaßten Kindern waren etwa ein Drittel im vorschulischen Alter, ungefähr 40 % befanden sich im Grundschulalter. Eine kleinere Zahl betraf Kinder im Alter von zwölf und mehr Jahren. Die Aufteilung bestätigt die Erfahrung, daß, sobald die Kinder zehn geworden sind, die Häufigkeit von Streit um die elterliche Sorge eher zurückgeht, während besonders im Vorschulalter und Grundschulalter die Probleme gehäuft auftreten.

Es wurden nur solche Eltern in die Untersuchung mit aufgenommen, deren Trennung nicht länger als vier Jahre zurückliegt; Eltern wurden in die Untersuchung nicht einbezogen, die erst weniger als ein Jahr getrennt waren.

Dadurch sollte eine gewisse Homogenität des Erfahrungsprozesses gewährleistet sein.

Das Durchschnittsalter der beteiligten Personen betrug 36 Jahre, es wurde dabei nicht nach Frauen und Männern unterschieden. Die Analyse der Daten zeigt, daß die Streubreite in bezug auf das Alter der Personen, die an der Untersuchung beteiligt sind, sehr gering ist, das heißt, nur wenige Eltern waren unter 25 und ebenfalls wenige Eltern waren über 45. Es zeigt sich, daß der Bereich zwischen 30 und 35 besonders häufig für ein Scheitern von Beziehungen und Ehen prädisponiert ist. Weitere Analysen untersuchten, inwieweit hier besondere Störungen im Lebensrhythmus eines Menschen auch zu solch gravierenden Schritten wie Trennung und Scheidung führen.

Zufriedenheit mit der Situation

Die Personen der Untersuchung wurden gefragt, wie sie zum gegenwärtigen Zeitpunkt die Trennungs- beziehungsweise Scheidungssituation beurteilen, nachdem geraume Zeit vergangen ist. Die Ergebnisse werden in folgender Tabelle dargestellt:

Probleme	Zahl	Prozent
sind, so gut es ging, gelöst worden	33	38,4
sind zufriedenstellend gelöst worden	20	23,2
hätten besser gelöst werden können	21	24,4
sind nicht gut gelöst worden	9	10,5
sind katastrophal ausgegangen bzw. überhaupt nicht gelöst worden	3	3,5
Insgesamt	86	100,0

Aus der Tabelle geht hervor, daß 38,4 % der Angaben positiv sind. 23,2 % der untersuchten Personen sind der Auffassung, daß die Fragen der Trennung und Scheidung zufriedenstellend gelöst worden sind, demgegenüber sind 24,4 % der Meinung, daß sie besser hätten gelöst werden können. 10,5 % sind der Meinung, sie sind nicht gut gelöst worden und 3,5 % meinen, daß sie überhaupt nicht gelöst worden sind.

Immerhin zeigt sich, daß, wenn Eltern im Abstand von etwa drei bis fünf Jahren auf ihre Trennung beziehungsweise Scheidung zurückblicken, durchaus eher positive Einschätzungen abgegeben werden. Man muß jedoch bei dieser Zahl berücksichtigen, daß eine sehr hohe Anzahl derer, die aufgrund genannter Gründe nicht in die Untersuchung einbezogen worden waren, sicherlich hier keine positiven Antworten gegeben hätten.

Hilfen bei der Lösung von Problemen

Die untersuchten Personen wurden auch gefragt, welche Hilfen sie hatten, um schwierige Probleme im Zusammenhang des Sorgerechts oder des Kontaktes mit den Kindern zu lösen.
Die nächste Tabelle gibt darüber Auskunft.

Hilfen	Anzahl	in %
durch Freunde, Eltern, Geschwister, Bekannte usw.	60	36,4
durch psychologische, pädagogische oder geistliche Fachleute (z. B. Eheberatungsstelle)	54	32,7
durch einen Rechtsanwalt	27	16,4
durch Lektüre (Bücher oder Zeitschriften)	15	9,1
gar keine Hilfe	9	5,4
Insgesamt:	165	100,0

Die weitaus meisten Hilfen bekommen die Befragten durch Freunde, Eltern, Geschwister und Bekannte (36,4 %).

Recht hoch liegen auch die Einschätzungen bezüglich der Hilfen durch psychologische, pädagogische oder geistliche Fachleute. Es folgen dann Hilfen durch Rechtsanwälte und durch Lektüre. Nur 5,4 % geben an, daß sie überhaupt keine Hilfe hatten, die für sie nützlich war.

Die Ergebnisse zeigen, daß es für die Betroffenen keinen Ersatz für die Hilfe gibt, die sie durch Freunde und Verwandte bekommen. Die Daten zeigen aber auch, daß Hilfestellungen durch pädagogische und psychologische Fachleute relativ hoch eingeschätzt werden. Diese Zahlen sind ermutigend für jene, die darin ein großes Anliegen sehen, Hilfestellungen anzubieten.

Wunsch nach Hilfe

Schließlich wurden die Personen auch befragt, welche Hilfsmöglichkeiten derzeit am wichtigsten erscheinen.

Die folgende Tabelle gibt Auskunft.

Hilfen	Anzahl	in %
durch Freunde, Eltern, Geschwister, Bekannte usw.	52	32,7
durch psychologische, pädagogische oder geistliche Fachleute (z. B. Eheberatungsstelle)	62	39,0
durch einen Rechtsanwalt	21	13,2
durch Lektüre (Bücher oder Zeitschriften)	15	9,4
gar keine Hilfe	9	5,7
Insgesamt:	159	100,0

Während die Einschätzung in bezug auf Hilfen durch Freunde und Verwandte gleichgeblieben ist, geben die untersuchten Personen sehr viel häufiger an, daß sie Hilfen durch psychologische und pädagogische Fachkräfte für notwendig halten. Diese Zahl ist von 32,7 % auf 39,0 % im Vergleich zur vorangegangenen Tabelle angestiegen. Die anderen Hilfsmöglichkeiten sind in etwa gleichgeblieben, lediglich die Zahl derer, die Hilfen durch Rechtsanwälte als erforderlich ansehen, ist leicht zurückgegangen.

Trennungsbewältigung der Kinder

Schließlich wurden die Erwachsenen darüber befragt, ob sie das Gefühl haben, daß ihre Kinder die Zeit der Trennung und die darauf folgenden Probleme gut oder weniger gut bewältigt haben.

21,7 % geben an, daß die Kinder die Trennungsbewältigung gut überstanden haben. 42,2 % sehen zwar Einschränkungen, beurteilen aber die Bewältigung der Trennung durchweg positiv. 28,9% entscheiden sich für eine mittlere Einschätzung. Demgegenüber geben 7,2 % an, daß ihre Kinder die Trennung eher schlecht bewältigt haben. Niemand gibt an, daß die Kinder die Trennung sehr schlecht bewältigt hätten (siehe Tabelle auf S. 74).

Trennungsbewältigung der Kinder	Anzahl	in %
ganz gut	18	21,7
eher gut	35	42,2
mittel	24	28,9
eher schlecht	6	7,2
sehr schlecht	0	–
Insgesamt:	83	100,0

Bei denen, die eher ungünstige Einschätzungen vornehmen, wird immer wieder behauptet, daß ein zu umfangreiches Besuchsrecht die Kinder destabilisieren würde, daß die Kinder durch das Hin- und Herpendeln zwischen dem einen und anderen Elternteil nur Vorurteile und Schuldgefühle entwickeln würden und daß sie durch die Art der Besuche lediglich aus einer neuen familiären Integration wieder herausgerissen werden und dadurch in ihrer Entwicklung destabilisiert werden.

Diese Angaben würden sicherlich nicht so günstig ausfallen, wenn sich auch die Eltern zu Angaben bereit erklärt hätten, die sich durch die Entscheidung des Gerichtes benachteiligt oder mißverstanden fühlen. Die Zahl derer, die hier negative Auswirkungen angegeben hätten, wäre sicherlich sehr viel höher ausgefallen.

Kinderäußerungen aus der Erinnerung ihrer Eltern

Schließlich wurden die Eltern befragt, ob sie sich an Äußerungen ihrer Kinder erinnern, die die Scheidung oder Trennung ihrer Eltern betreffen.

Wie auch in der Analyse von Kinderäußerungen zeigen sich in der indirekten Analyse entsprechender Äußerungen von Eltern ähnliche Beweggründe: Inhalte mit deprimiertem Charakter, mit aggressivem Inhalt und Beispiele, die auf eine konstruktive Verarbeitung der Problemsituation hindeuten.

Beispiele:

Deprimierter Inhalt

»Ich bleibe allein in unserer Wohnung.«

»Ist der Vater nun traurig, wenn er jeden Monat DM 300,- bezahlen muß?«

Aggressiver Inhalt

»Wenn der Papa so böse ist, dann muß er halt ausziehen.«

»Sie hat uns und den lieben Gott angelogen und beschwindelt, darum holt sie einmal der Teufel.«

»Bin ich froh, daß die Schnapsflasche aus dem Haus ist.«

Konstruktiver Inhalt

»Ich mag euch beide gern, ich werd' euch gern besuchen, wenn ihr getrennt seid.«

»Hört auf zu streiten, vertragt euch, dann werden euch die Kinder auch mögen.«

»Ich möchte, daß mein Vati und meine Mutti Freunde bleiben können.«

Vorschläge, wie Kinder die Trennung am besten bewältigen

Schließlich wurden die Eltern befragt, was ihrer Meinung nach geschehen sollte, damit die Kinder die Probleme bei der Trennung der Eltern gut bewältigen können.

Viele Anregungen und Vorschläge wurden gemacht, von denen die wesentlichsten hier aufgeführt werden:

Offen miteinander reden

Viele Eltern sind der Meinung, man solle »reinen Wein einschenken«, das heißt, die Kinder sollten nicht im unklaren über die Situation gelassen werden, sondern man sollte offen über die Dinge reden können, auch ohne Scham, jedoch kindgerecht.

Viele Eltern sind der Meinung, daß sie materielle oder auch persönliche Animositäten zurückstellen sollten, um dem Kind eine Möglichkeit zu öffnen, unbelastet zu beiden Elternteilen einen konstruktiven Kontakt halten zu können.

Keine rückwirkenden Rechtfertigungsversuche

Sehr viele Eltern versuchen nach der Trennung, dem Kind Argumente zu liefern, warum die Trennung notwendig und die Scheidung unumgänglich war. Obwohl diese Probleme nicht ganz ausgeblendet werden können, besteht die Gefahr, daß diese immer neuerlichen Rechtfertigungsversuche sich belastend auf die Beziehung des Kindes zu beiden Elternteilen auswirken können. Klare, kurze, knappe, jedoch einprägsame Erklärungen helfen Kindern eher, Sinn und Zweck einer Trennung zu verstehen als immer neue Argumentationsketten der Eltern. Sie bringen Kinder immer nur zu neuen Fragen und die Eltern zu neuen Rechtfertigungsversuchen. Eine unaufhörliche Kette von Argumentationen und Argumentationsschwächen kann hieraus die Folge sein. Gelassenheit und Mut zur Stabilität können verlorengehen.

Kein Entscheidungszwang für Kinder

Oftmals werden die Kinder dazu gezwungen, sich parteilich für einen der Eltern zu entscheiden. Kinder wollen nicht Richter sein. Erwachsene sollten sich deshalb zurückhalten, dies von den Kindern zu erwarten.

Vorschläge, wie Erwachsene die Trennung am besten bewältigen

Die befragten Erwachsenen machten zahlreiche Vorschläge, was nach ihrer Meinung geschehen müßte, damit Erwachsene, die sich scheiden lassen wollen, selbst die Probleme der Trennung besser bewältigen können. Im folgenden wird eine Übersicht über die am häufigsten genannten Vorschläge gegeben.

- Ausgleich von Vernunft und Emotionen
- Keine materielle Überforderung des anderen
- Gespräche miteinander führen
- Verzeihen, statt Rache planen
- Trauerarbeit leisten
- Lebensmut für die Zukunft sammeln
- Regeln der Höflichkeit und der sachlichen Diskussion nicht außer acht lassen
- Gespräche mit Freunden und Verwandten
- Hilfe durch Psychologen und Eheberater

Was im Interesse der Kinder geschehen soll

Auch hier sind zahlreiche Vorschläge und Anregungen dargelegt worden, die wichtigsten sind im folgenden aufgeführt:

- Mehr gemeinsame Erziehungsabsichten und erzieherische Verhaltensweisen
- Großzügiges Besuchs- und Umgangsrecht
- Vertrauen in den anderen Partner vermitteln, so gut es geht
- Nicht den getrennten Partner vor dem Kind heruntersetzen oder in seiner Menschenwürde nicht anerkennen
- Flexible Gestaltung der Besuchskontakte
- Organisation von Ablenkung für das Kind durch Freunde, Spielgruppen oder sportliche Betätigungen
- Kindern in ihrer Trauer beistehen
- Kinder nicht zwingen, sich für eine Partei zu entscheiden

Ratschläge von Eltern an Eltern

Schließlich wurden die Fragen vorgelegt, die grundsätzliche Einstellungen in bezug auf Scheidung und Trennung beinhalten. In der folgenden Tabelle werden die Antworten aufgeführt:

Aussagen	Angaben	in %
Die Ehe ist ein Bündnis, das unauflösbar ist; nur in Ausnahmefällen sollte eine Trennung vollzogen werden.	30	17,4
Für die Kinder ist es besser, in einer vollständigen Familie zu leben, auch wenn es große Probleme und dauernd Streit zwischen den Eltern gibt.	1	0,6
Für die Kinder ist es schlechter, wenn die Eltern zusammenbleiben, wenn Streit und Schwierigkeiten zwischen den Eltern überwiegen.	63	36,6
Ich würde niemandem raten, sich scheiden zu lassen.	6	3,5
Wenn die Probleme zu groß werden, sollten zuerst Fachleute in Anspruch genommen werden, z. B. Eheberatungsstellen, ehe man sich zur Scheidung entschließt.	69	40,2
In Zukunft werden sich ohnehin immer mehr Paare trennen, das ist der Trend der Zeit, das muß man eben nehmen, wie es ist.	3	1,7
Insgesamt:	172	100,0

Die häufigsten Ratschläge befürworten fachliche Hilfestellungen bei Trennungs- und Scheidungsproblemen. Indirekt zeigt dieses Ergebnis auch, daß wohl die meisten entsprechende Hilfen vermißt haben müssen.

Teilweise dürfte aber auch stimmen, daß die Eltern selbst mit Fachleuten gute Erfahrungen gemacht haben und deshalb diesen Vorschlag auch gerne an Leute weitergeben, die vor der Trennung oder Scheidung stehen. Recht häufig ist auch die Zahl derer, die der Meinung sind, daß es für die Kinder negativer wäre, wenn die Eltern auch dann zusammenbleiben würden, wenn Streit und Schwierigkeiten zwischen den Eltern überwiegen. Es ist eine Äußerung, die weitgehend anerkannt wird.

Im Vergleich zu den beiden Vorschlägen sind die restlichen Angaben weit weniger häufig. 17,4 % halten die Ehe für unauflösbar, als ein Bündnis, das nur in Ausnahmefällen aufgelöst werden sollte. Demgegenüber sind die Ratschläge, die vor einer Scheidung warnen, in sehr geringem Ausmaß vertreten. Nur 3,5 % würden niemandem raten, sich scheiden zu lassen. Noch geringer ist die Zahl derer, die sich auf einen Zweckrationalismus einstellen und als Entschuldigung für viele gestörte Beziehungen die Tatsache hernehmen, daß Ehestreit und Scheidung sowieso schon zur Norm geworden seien.

In den Aussagen drückt sich ein hoher moralischer und fachlicher Anspruch aus. Er kann den Eltern die Gewißheit geben, daß solche Entscheidungen gut durchdacht sind, unter Begleitung von fachlicher Hilfe zustandegekommen und an den Werten wie Ehrlichkeit, Selbstverwirklichung und Verpflichtung dem Kindeswohl gegenüber ausgerichtet sind.

Wie können Fehler und Rückschläge vermieden werden?

Wenn man jene Schicksale von Kindern analysiert, in denen Trennungen sehr schmerzlich, teilweise krankmachend verliefen, und Regelungen über die elterliche Sorge oder den Umgang mit beiden Eltern von sehr großen Konflikten begleitet waren, stellt man häufig folgende Defizite fest, die im folgenden dargelegt werden.

Verzerrte Wahrnehmungen

Wem das Augenlicht verlorengegangen ist, weiß, was es bedeutet, nicht mehr sehen zu können. Schwieriger ist es zu erkennen, daß wir oft bei der Wahrnehmung unserer Umwelt das verzerrt sehen, was sich im Verlauf unseres Lebens und aufgrund unserer persönlichen Motive entwickelt hat. Wer nicht gut beobachten kann, der kann auch andere Dinge schlecht lösen. Wie eine Kerze ohne Docht nicht brennen kann, so ist auch ein Handeln ohne intensives Beobachten sinnlos. Zur Grundausstattung des Menschen zählt die Fähigkeit des Beobachtens. Wir Menschen können nicht nur denken und zu unterschiedlichen Verhaltensweisen fähig sein, sondern wir sind auch in der Lage, mit Hilfe unserer Sinne Erscheinungen der Umwelt in uns aufzunehmen und Empfindungen über uns selbst und die soziale Umwelt zu registrieren. Psychotherapeutische Erfahrung zeigt, daß zahlreiche Verhaltensstörungen und emotionale Fehlentwicklungen häufig darauf zurückzuführen sind, daß Gegebenheiten im inneren Erleben oder im sozialen Umfeld nicht adäquat aufgenommen, sondern fehlinterpretiert oder mit unangemessenen Gefühlen verbunden werden. So kommt es zu alogischen Gedanken, Verknüpfungen, und es entstehen Handlungsweisen, die nicht zielführend sind, die die innere Zufriedenheit zerstören und oftmals

Angst, Unsicherheit und Entwicklungsstörungen hervorrufen. So sind zum Beispiel Angstzustände oft deshalb krankmachend, weil derjenige, der Angst hat, nicht gelernt hat, die Dinge, wie sie sind, wahrzunehmen. Vielmehr nimmt er eine verzerrte Welt auf, die ihn irritiert, ihn in Unsicherheit stürzt oder bei ihm Angst auslöst.

Zahlreiche Schwierigkeiten im Umgang der Eltern untereinander sind durch mangelnde Beobachtungsfähigkeit bedingt. Solche Probleme können durch Verbesserung der Wahrnehmungsfähigkeit gelöst oder zumindest verringert werden. Fragen an psychologische Sachverständige sind ohne Beobachtung von Interaktionen, Beziehungen und sozialen Ereignissen zwischen Kindern und den beteiligten Eltern nicht zu klären. Beobachtungen dieser Art sind vor allem deshalb von großer Bedeutung, weil das, was ein Mensch äußerlich zeigt, oftmals unvermittelter, direkter und entstellenden Mechanismen weniger ausgesetzt ist, als andere Darstellungsformen, etwa die Sprache in ihrer schriftlichen Gestaltung. Weil der Körper nicht lügen kann, ist die Beobachtung ein sehr taugliches Mittel, nicht nur den essentiellen Gehalt von Interaktionen zu prüfen, sondern auch persönlichkeitsspezifische Bereiche mit zu beobachten, etwa die Beziehung zwischen verbaler und nichtverbaler Kommunikation. Sie ermöglicht eine Aussage darüber, mit welcher Stimmigkeit oder zentralen Fokussierung eine Person zu handeln, zu denken und zu fühlen in der Lage ist.

Betrachtet man das Wort »Beobachtung« oder das ähnliche Wort »Wahrnehmung«, die etwa gleichbedeutend verwendet werden, so läßt sich auch ihr tieferer Sinn entschlüsseln:

Be-ob-achten drückt aus, daß es bei einer solchen Tätigkeit um »Obacht« und »Achtung« geht; das bedeutet, daß derjenige, der beobachten gelernt hat, die nötige Achtung vor dem besitzt, den er beobachtet, sei es ein Mensch, ein soziales Ereignis oder aber auch ein Gegenstand, die Natur oder die reale Umwelt. »Wahrnehmen« heißt in ähnlichem Sinn, daß es im Prozeß des Wahrnehmens darum geht, die Umwelt und die Menschen, die beobachtet werden, so zu nehmen, wie sie in Wirklichkeit, in Wahrheit sind. Während wir im alltäglichen Leben häufig dazu neigen, sofort und unmittelbar auch das zu verändern, was wir sehen, läßt der Wahrnehmende während des Vorgangs der Wahrnehmung alles so sein, wie es ist.

Beobachten und Wahrnehmen haben demnach in einem größeren anthropologischen Sinn große Bedeutung für pädagogische und soziale Bemühungen und sind im Kern menschliches Verhalten, weil sie sowohl Freiheit für den, der beobachtet und wahrnimmt, als auch für den, der beobachtet und wahrgenommen wird, bringen.

Beobachtungsarten

Im Verlauf von Interaktionsbeobachtungen gibt es zahlreiche Möglichkeiten, Wahrnehmungsleistungen zu differenzieren und etwa nach drei Zonen der Beobachtung zu entschlüsseln:

Beobachtung der äußeren Welt

Sie bezieht sich auf den aktuellen Kontakt mit Personen, Gegenständen und Situationen in der Umwelt (was man sieht, hört, riecht, schmeckt oder berührt). Man sieht etwa, wie ein Vater mit seinem Kind auf dem Arm den Raum betritt; man hört ein leicht polterndes Geräusch, wenn der Vater durch den Raum geht; es ist zu sehen, wie er mit seinen Händen fest den Jungen auf dem Arm hält. Diese Beobachtungen beziehen sich auf Sinneseindrücke im Hier und Jetzt, sind von anderen recht gut nachvollziehbar und vermitteln Klarheit für die Beschreibung sozialer Ereignisse. Solche Beobachtungen ermöglichen auch, zwischen sehr unterschiedlichen Einstellungen und Motivlagen eine kommunikative Verläßlichkeit zu erzeugen, die unstrittig ist, die objektivierbar ist und oftmals in ganz verfahrenen und konfliktträchtigen Situationen eine Möglichkeit bietet, kleine Räume von Gemeinsamkeit zu definieren und abzugrenzen.

Diese Art der Beobachtung zielt auf das, was innerhalb des eigenen Körpers vor sich geht. Etwa wenn die Mutter beobachtet, wie das Kind mit dem Vater umgeht, spürt sie bei sich selbst etwas Unbehagen, einen erhöhten Herzschlag, eine Verkrampfung in der Magengegend und dergleichen. Zu dieser Form der Beobachtung zählen aber auch Empfindungen, die der Beobachter bei sich selbst verspürt und die mit eigenen körperlichen Vorgängen in engem Zusammenhang stehen. Es sind etwa Gefühle und Empfindungen von Angst, Anspannung, Widerstand und Abwehr, die sich auch beim Beobachter einstellen. Wenn solche nicht von der beobachteten Situation möglichst klar unterschieden werden, kann es zu Wahrnehmungsentstellungen, Projektionen und unbewußten Verdrängungsmechanismen führen, die die Beobachtung verfälschen und entstellen.

Beobachtung, die auf geistiger Aktivität oder auf Phantasie gründet

Diese Art von Wahrnehmung bezieht sich auf Erklärungen, Vorstellungen, Interpretationen, Vermutungen und Denkprozesse. Während die beiden vorangegangenen Wahrnehmungsformen sich jeweils auf das Hier und Jetzt im sozialen und Interaktionsgeschehen beziehen, richtet sich diese Art von Beobachtung auf das, was bereits früher geschehen ist und als Erfahrung vorliegt, und in bezug auf künftige Ereignisse, die in der jeweiligen Situation bestimmte Gefühlstendenzen wie Hoffnung, Enttäuschung oder Zuversicht entstehen lassen. Häufig kommt es gerade bei dieser Form der Beobachtung im Prozeß der Interaktionsbeobachtung zu gravierenden Fehlern und Entstellungen. Eltern, die etwa beobachten, wie ein Kind mit dem Getrenntlebenden umgeht, können kaum das, was im Moment geschieht, von dem abtrennen, was sich an Erfahrung in der Beziehung zum anderen Partner verfestigt hat. Es kann auch nicht abgelöst werden von den Motiven und Vorstellungen über die künftige Entwicklung und Beziehungen und Lebensformen. Gerade unter diesem Blickwinkel ist es für Eltern oftmals kaum möglich, Beobachtungen der ersten beiden Typologien zu objektivieren und sich von vergangenen Enttäuschungen und künftigen Besorgnissen zu befreien. Aber auch der fachkundige Gutachter oder Beobachter hat oftmals große Schwierigkeiten, sich von eigenen Einschätzungen, Vorerfahrungen oder auch wissenschaftlichen Aussagen in der jeweiligen Beobachtungssituation freizumachen, um zu erkennen, was wirklich ist. Erst dann kann er in einem summierenden, bewertenden und überblickenden Vorgang die Beobachtungen aufgrund seiner Erkenntnisse, Erfahrungen und wissenschaftlichen Aussagen strukturieren.

Sind die beiden ersten Phasen einer Beobachtung nicht klar getrennt und vollzogen, dann wird es sehr schwer möglich sein, klare und nachvollziehbare Entscheidungen dem Betroffenen oder anderen Institutionen gegenüber zu vertreten. Solche Entscheidungen sind oftmals kritischen Einwänden ausgesetzt und werden als sehr subjektive Anwendung vorwissenschaftlicher Denkprozesse, halbempirischer Meinungen und allgemein anthropologischer Grundannahmen bezeichnet.

Beobachtungsfehler

Fehler der Beobachtung zeigen sich vor allem darin, daß das, was beobachtet werden soll, recht schnell mit Bewertungen und Werturteilen verbunden wird, und dadurch die eigentliche Beobachtungsinformation entstellt und verzerrt wird. Oftmals werden auch Empfindungen, die man in unterschiedlichen Situationen über sich selbst hat, auf das, was man in der Umwelt gerade sieht, hineingelegt beziehungsweise projiziert. Auch durch diesen Vorgang wird das Beobachtete durch subjektive Vorgänge verzerrt. Auf drei gravierende Beobachtungsfehler soll besonders eingegangen werden:

Mangelnde Distanz zum Beobachteten

Eine Distanz zum Beobachteten ist notwendig. Das bedeutet nicht, daß man der beobachteten Person oder Situation als Fremder, als Unbeteiligter gegenübertritt. Die Distanz, die hier gemeint ist, ist Teil eines Prozesses, der zeitlich begrenztes Loslassen zwischen Wahrnehmung, Denken und Handlung beinhaltet. Psychologen haben herausgefunden, daß sich schöpferische Leistungen nur dann einstellen, wenn nach intensiver Beschäftigung mit einem Problemfeld auch Zeit der schöpferischen und kreativen Ruhe einkehrt, in der sich häufig wie von selbst eine neue Lösung oder eine gelungene Gestalt entwickeln. Man könnte einen guten Beobachter mit einem weisen Menschen vergleichen, der sich, nachdem er über vieles nachgedacht hat, zurücklehnt, eine Pause einlegt und das Beobachtete auf sich wirken läßt; der aufhört, die Dinge zu ändern, sondern die Dinge entstehen läßt, sich selbst überläßt. Es gibt zahlreiche Hinweise, daß sich erst durch ein solches Zurückziehen von dem Beobachteten die Möglichkeit eröffnet, daß ein Beobachter unter Einsatz aller seiner psychischen Kräfte, Phantasien, unbewußten und bewußten Möglichkeiten zu einer allgemeinen und überblickenden Beobachtung kommt. Freilich ist auch ein solches Vorgehen immer wieder auch reflexiv zu bearbeiten und zu hinterfragen. Dennoch gilt, daß Beobachtungen sozialer Interaktionen nicht durch Anwendung vordergründiger Schablonen, schneller Urteile oder durch angstverzerrte Wahrnehmungen erreicht werden, sondern Ergebnis eines freien und schöpferischen Prozesses sind. Von ihnen geht ein hohes Maß an Freiheit, Kritikfestigkeit und innerer Haltung aus.

Zeitliche Begrenzung und künftige Prognose

Beobachtungen sind immer auf bestimmte Situationen im Hier und Jetzt einzugrenzen. Ein schwieriges Problem stellt dar, daß von exemplarischen Beobachtungen auf allgemeine Wirkungen Schlußfolgerungen gezogen werden müssen.

Nur eine möglichst klare und abgegrenzte Beobachtung kann das damit verbundene Risiko verringern. Möglichst sorgfältige Analysen unterschiedlicher Beobachtungen können helfen, den Aussagegehalt sozialer Ereignisse zu erhöhen. Häufig wird der

Einwand gebracht, daß durch kurze Beobachtungen auch in einer fremden Umgebung gänzlich andere Verhaltensmuster entstehen als in der normalen Umwelt. Dieser Einwand trifft nicht den Kern des Problems. Schließlich kann kein Mensch sich in kürzester Zeit oder allein durch räumliche Veränderung grundsätzlich, prinzipiell und total verändern. Die Struktur einer Persönlichkeit ist nicht in wenigen Tagen entstanden, sondern ist das Resultat langjähriger Erfahrungen. Deshalb kann auch eine zeitlich begrenzte Beobachtung niemals alles außer Kraft setzen, was der Mensch bisher gelernt hat und gewohnt ist. Die Analyse von Beobachtungen erfordert jedoch, spezifische Veränderungsgegebenheiten innerhalb einer Beobachtungssituation zu analysieren und zu reflektieren. Besonders bedeutsam sind dabei das Vertrautwerden mit neuen räumlichen und sozialen Gegebenheiten, die Bereitschaft, sich auf Neues einzustellen und die Reaktionsweisen auf die Erwartungen, die jeweils wirksam sind.

Ein Beobachter, der nicht gelernt hat, die drei genannten Faktoren in Betracht zu ziehen, wird falsche Schlüsse ziehen.

Ein Beispiel:

> Thomas' Eltern konnten sich nicht einigen, wer das Recht der elterlichen Sorge über ihn haben sollte. Es gab viel Streit und große Auseinandersetzungen. Sie liefen über mehrere Instanzen. Schließlich sollte durch eine fachpsychologische Untersuchung geklärt werden, welche Bindung des fünfjährigen Jungen stärker ist, die zum Vater oder zur Mutter.

> Nach eingehenden Gesprächen und psychologischen Untersuchungen wurde der Vater mit dem Jungen über längere Zeit beobachtet. Dasselbe geschah auch zwischen der Mutter und Thomas.

> Thomas wohnte bei der Mutter. Es wurde deshalb zuerst die Interaktion zwischen Thomas und seiner Mutter beobachtet. Sie fand in den Räumen einer psychologischen Praxis statt. Für beide Teile war die Situation sehr ungewohnt. Wie dem psychologischen Sachverständigen bekannt war, lebte die

Mutter mit ihrem Sohn sehr zurückgezogen. Die Beobachtung zeigte, daß beide kaum spontan, recht unbeholfen, teilweise verkrampft, sehr in sich gekehrt, den Blick häufig zum Ausgang gerichtet die Beobachtungssituation hinter sich zu bringen versuchten.

Einige Tage später wurde ein Treffen zwischen dem Jungen und seinem Vater in den gleichen Räumen unter ähnlichen Bedingungen vereinbart. Der Junge war sehr viel spontaner, aufgeweckter, direkter und zeigte lebendige Verhaltenszüge.

Vorschnelle Schlüsse würden einen spontaneren, intimeren und intensiveren Kontakt zwischen Thomas und seinem Vater diagnostizieren als zwischen ihm und seiner Mutter. Dies wäre jedoch eine Täuschung.

Eine weitere Beobachtung, die sich zufällig nach einem Untersuchungstermin mit der Mutter ergeben hatte, zeigte nämlich, daß Thomas mit seiner Mutter durchaus sehr intensiv und spontan zu reagieren in der Lage war. Weitere Beobachtungen bestätigten diese Vermutung.

Das Ergebnis der ersten Beobachtung war demnach eher ein Resultat mangelnder Einstellung auf neue Situationen, das Unvermögen, sich in anderen Räumen zurechtzufinden und sich frei zu bewegen, als die Vermutung, die Beziehung zwischen dem Kind und seiner Mutter wäre verkrampft und distanzierend. Was also den Umgang einer Person mit den Umgebungsfaktoren betrifft, darf demnach nicht fälschlicherweise auf die Beziehung zu einer anderen Person hin interpretiert werden.

Es erscheint eine wichtige Aufgabe, auch die suggestiven Faktoren sozialer Beeinflussung in Beobachtungssituationen zu analysieren.

Auch hierzu ein Beispiel:

Michaels Mutter beantragte die Aussetzung des Besuchsrechts mit dem Vater, weil der Junge erst ein Jahr alt sei und nicht zum Vater wolle. Mit beiden Eltern wurde eine gemeinsame Beobachtung zusammen mit einem psychologischen Sachverständigen vereinbart. Die Mutter betrat mit Michael den Raum; sie hielt ihn auf dem Arm, setzte sich und nahm Michael auf den Schoß. Der Vater kam nach geraumer Zeit hinzu und versuchte, sich an den Tisch zu setzen und Blickkontakt und Beziehung mit seinem Jungen aufzunehmen. Genau in derselben Situation machte die Mutter einen kleinen Ruck und bewegte sich ein Stück von ihrem Gegenüber weg. Aus der Sicht der Mutter war dies sehr geschickt, denn dadurch hatte Michael kaum noch Gelegenheit, mitzuverfolgen, wie sein Vater freundlich und wohlwollend Kontakt mit ihm aufzunehmen versuchte. Die Mutter war unentwegt mit ihrem Jungen beschäftigt, sie hielt ihn am Arm, sie hatte Blickkontakt, sie nahm jede Regung des Kindes auf und reagierte darauf. Der Vater hatte Spielgegenstände und Süßigkeiten mitgebracht. Aber auch damit hatte er keinen Erfolg.

Daraus zu schließen, der Junge würde seinen Vater ablehnen und dementsprechend jeden Kontakt mit ihm, wäre ein Fehlschluß. Die suggestive Beeinflussung durch die Mutter verhinderte, daß eine Beziehung zwischen dem Jungen und seinem Vater entstehen oder deutlich werden konnte. In solchen Fällen ist es viel bedeutsamer, die Hintergrundfaktoren zu benennen, die den Kontakt zwischen dem Kind und seinem Vater verhindern. Häufig ist es keine direkte oder reflektierte Absicht der jeweiligen Personen, wie hier bei der Mutter, die den Kontakt zwischen den Kindern und dem Elternteil auf der anderen Seite derartig erschweren. Oftmals sind es unbewußte Verlustängste, Rechtfertigungsansprüche oder auch Verletzungsabsichten, die einen davon abhalten, das anzunehmen, was Wirklichkeit ist und ohne Trug die Realität zu akzeptieren.

Behutsames Umgehen mit neuartigen Beobachtungen hilft in vielen Fällen, unbewußte Verlustängste oder ähnliche Motive zu verarbeiten. Dabei bedarf es gewisser Hilfestellungen, weil manche Widerstände verhindern, Ängste zu verarbeiten.

Beobachtungen durch psychologische Sachverständige etwa bieten eine Chance, solche unbewußte Mechanismen zu korrigieren. Ein Beispiel soll dies verdeutlichen:

Frau Storch wollte unbedingt verhindern, daß Oliver, ihr dreijähriger Junge, Kontakt mit dem Vater hat. Wo immer sie konnte, brachte sie Beispiele seiner angeblichen Beziehungsunfähigkeit, Trunksucht und allgemeinen Verwahrlosung.

Die Beobachtung der Interaktion zwischen Oliver und seinem Vater erbrachte jedoch keine Hinweise auf derartige Gefährdungen.

Vielmehr war zu vermuten, daß die Mutter selbst Angst hatte, daß ihre Beziehung zu Oliver Schaden nähme, wenn der Junge ebenso wie sie eine intensive Beziehung zu seinem Vater habe. Diese unbewußten Verlustängste aufzuarbeiten, schien im vorliegenden Fall sinnvoll, weil die Mutter sich zu einer Zusammenarbeit bereit erklärte und Hilfen anzunehmen bereit war. Sie akzeptierte auch den Vorschlag, daß mehrere Beobachtungen zwischen dem Jungen und seinem Vater hinter einer Einwegscheibe in einem Spielzimmer einer psychologischen Praxis stattfinden sollten. Alle Beteiligten waren einverstanden, daß die Mutter teilweise oder ganz diese Interaktionen beobachte. Anfänglich sah die Mutter immer neue Anzeichen, wie rüde, uneinfühlsam und feindselig der Vater Oliver gegenüber reagieren würde. Gemeinsam mit dem beobachtenden Psychologen wurden jeweils Beobachtungsprotokolle erstellt, was eine ziemliche Mühe war. Mit Hilfe solcher Protokolle wurden gestische Verhaltensweisen, mimische Ausdrucksformen, Blickkontakt, sprachliche Reaktionen und Körperbewegungen der beiden Interaktionspartner genau studiert, protokolliert und besprochen. Erst im Verlauf mehrerer Beobachtungssituationen löste sich eine eigenartige Verkrampfung Frau

Storchs. Sie war zunehmend fähiger, das zu sehen, was Realität war, daß nämlich der Kontakt zwischen dem Vater und dem Sohn durchaus positive Züge trug. Schließlich nahmen gegenteilige Stellungnahmen ab und realistische und auch konstruktive entstanden. Schließlich dienten derlei Beobachtungen dazu, Wahrnehmungsverzerrungen zu korrigieren und Ängste aufzuarbeiten; diese machten den Weg frei für neue gelungene Lösungen. Oliver selbst wurde zunehmend freier und unbelasteter und drückte dadurch auch seine Beziehung zur Mutter sehr viel intensiver aus als früher. Die Mutter hatte durch die Wahrnehmungskorrektur ein sehr unangenehmes, krankmachendes Gefühl der Angst und Verlassenheit überwinden können.

Wahrnehmungsverzerrungen haben sehr häufig mit Angst zu tun. Training in adäquater Beobachtung und das Hinsehen auf das, was wirklich ist, stärken die Vernunftkräfte einer Person und machen gelungene Lösungen zwischenmenschlicher Probleme und innerseelischer Konfliktlagen wahrscheinlicher. Für derartige Ziele lohnen sich zahlreiche Anstrengungen.

Aggressionsverhalten

Bereits bei einjährigen Kindern kann man aggressive Verhaltensweisen beobachten:

> Karoline, 14 Monate alt, ist ständig damit beschäftigt, auf die Tischplatte zu langen und jedes greifbare Ding zu sich zu holen, um damit zu experimentieren. Diese Form des »Begreifens« der Umwelt ist entwicklungspsychologisch verständlich und sehr bedeutsam. Als Karoline wieder damit beschäftigt ist, ein Glas vom Tisch zu holen, nehmen die Eltern diesen zerbrechlichen Gegenstand weg, geben eine kurze Erklärung (»Nein, Karoline, das darfst Du nicht haben«) und weisen auf andere Spielobjekte hin. Karoline versteht sehr genau, was dieses Verhalten der Eltern bedeu-

tet. Kinder in diesem Alter können gut aus dem Mienenspiel und dem Körperausdruck ihrer Eltern lesen. Sie verzieht kurz ihr Gesicht, man sieht ihre Frustration.

Welches Verhalten ist für ein Kind in dieser Situation möglich?

- Es verkraftet diese Frustration und wendet sich einer anderen (alternativen) Aktivität zu.
- Es weint, brüllt und ist enttäuscht.
- Es reagiert mit Angst auf das Verbot der Eltern und zieht sich zurück.
- Es reagiert aggressiv.

Für die letzte Anwort bieten sich drei Möglichkeiten an:

- Es reagiert aggressiv gegen Sachen.
- Es reagiert aggressiv gegen andere Menschen.
- Es wendet die Aggression gegen sich selbst.

Auch bei Karoline sind ähnliche Verhaltensweisen beobachtbar. Manchesmal wendet sie sich bei ähnlichen Situationen, zum Beispiel beim Verbot der Eltern, ab und beschäftigt sich mit anderen Spielen. Manchmal weint sie und ist enttäuscht. Es kommt aber auch vor, daß sie aus Wut einen anderen Spielgegenstand nimmt und ihn in eine Ecke wirft, oder sie schlägt ihren Kopf gegen einen Gegenstand oder manchmal auch auf den Boden. Diesmal aber orientiert sie sich kurz, geht dann zu ihrer um drei Jahre älteren Schwester Julia und schlägt mit der Hand gegen sie.

Von dem Verhalten ihrer Schwester hängt es nun ab, ob der Verhaltenskreis endet oder neu in Bewegung kommt. Wie auch Karoline hat sie genau dieselben Verhaltensmöglichkeiten, wie sie oben aufgezeigt wurden.

Genau die gleichen Reaktionsweisen kann man bei Kindern beobachten, die mit Trennungssituationen konfrontiert sind. Im folgenden wird es die Aufgabe sein, nicht nur die Entstehung von Aggressionen bei Kindern in Trennungssituationen näher zu untersuchen, sondern auch Hinweise zu entwickeln, wie sinnvollerweise darauf reagiert werden kann. Aggressionen sind zerstörerisch, erschreckend und belasten auch den, von dem die Wut, der Zorn, die Verletzung, der Haß oder die Rache kommt. Aggression läßt sich als ein Verhalten beschreiben, das eine Schädigung eines Artgenossen intendiert. Wenn man auch die Schädigungsabsicht als Aggression bezeichnet, dann meint Aggression jene Verhaltensweisen, mit denen die direkte oder indirekte Schädigung eines Mitmenschen beabsichtigt wird. Diese Beschreibung berücksichtigt aber nicht die Aggressivität gegenüber Sachen. Bezieht man auch diesen Aspekt in die Definition ein, so läßt sich Aggression als eine Verhaltenstendenz beschreiben, die darauf gerichtet ist, andere Individuen oder Sachen zu schädigen, zu schwächen oder in Angst zu versetzen. Aggressive Empfindungen und Verhaltensweisen gehören zum menschlichen Leben. Wo sie herkommen, wie sie im erzieherischen Umgang behandelt werden sollen, vor allem, wie Kinder bei Trennungssituationen damit besser fertigwerden können, darüber gehen die Meinungen weit auseinander. Bisher sind mehrere Theorien zur Entstehung von Aggressionen beschrieben worden. Sie sollen im folgenden aufgeführt werden:

Trieb- und Instinkttheorie

Sigmund *Freud* führt menschliches Verhalten auf zwei Wurzeln zurück: den Lebenstrieb (Eros) und den Todes- oder Destruktionstrieb (Thanatos). Als Gegenspieler zum Lebenstrieb tendiert der Todestrieb zur Zerstörung alles Organischen. Dem Ausleben dieses Todestriebes, der sich auch als Trieb zur Aggression kennzeichnen läßt, sind durch die Erziehung Grenzen gesetzt. So müssen Teile des aggressiven Triebes unterdrückt oder in die Persönlichkeit eines Menschen einverleibt (introjiziert) werden. Letztere treten dann als Über-Ich-Schuldgefühle und Strafbedürfnisse (Selbstaggression) in Erscheinung.

Für die Erziehung bedeutet die Theorie des Aggressionstriebes ein lebenslanges Beherrschen aggressiver Impulse und die Umwandlung von Teilen daraus in kulturell akzeptierte Äußerungen.

Individuell erscheinen sie als Schuldgefühl und Strafe, soziologisch treten sie als Vorurteil, Ablehnung von Minderheiten, Bestrafung von Sündenböcken und dergleichen in Erscheinung.

Konrad *Lorenz* hat ähnlich wie *Freud* die Aggression als einen Instinkt wie viele andere bezeichnet. Nach dieser Theorie staut sich aggressive Energie im Organismus auf und entlädt sich, wenn ein Außenreiz die Triebhandlung auslöst. Kommt es zu einem Stau von Aggressionsimpulsen, so sinkt der Schwellenwert. Dies kann dazu führen, daß sich Aggressivität in einer spontanen Selbstentladung äußert. Beim Individuum selbst entsteht dabei ein Annäherungsverhalten, das heißt derjenige sucht selbst einen Anlaß zur Aggressionsentladung.

Nach *Lorenz* muß Aggressivität, da sie unvermeidbar ist, durch verschiedene Aktivitäten, wie Kunst, Sport und gesellschaftliche Aktivitäten sublimiert oder abreagiert werden.

Frustrations-Aggressionshypothese

Diese Hypothese, die 1939 in den USA entwickelt wurde, besagt, daß jedes aggressive Verhalten auf eine vorausgegangene »Frustration« zurückzuführen ist. Frustration bedeutet hier die Störung einer intendierten, das heißt zielgerichteten Handlung. Später wurde diese Theorie erweitert. Sie geht davon aus, daß Frustration normalerweise nicht direkt Aggressivität auslöst, sondern Angst. Die spontane Reaktion des Individuums, die Angst abzuwenden, ist dann aggressiv.

Lerntheoretisches Aggressionsmodell

Diese Theorie basiert auf der Überlegung, daß aggressives Verhalten wie fast alle üblichen Verhaltensweisen das Ergebnis von Lernprozessen ist. Dafür sind vor allem zwei Prinzipien bestimmend:

– Lernen am Modell
– Lernen durch Bekräftigung

In zahlreichen Untersuchungen wurde nachgewiesen, daß Kinder durch aggressive Verhaltensweisen ihrer Erzieher zur Nachahmung dieses Verhaltens angeregt werden. Ähnliches gilt auch für die Nachahmung von aggressiven Vorbildern in Fernsehsendungen, Spielmaterialien und Bilderbüchern.

Lernen durch Bekräftigung meint, daß aggressive Verhaltensweisen immer dann, wenn sie positive Konsequenzen nach sich ziehen, häufiger werden. Aggressive Verhaltensweisen werden jedoch seltener oder gar gelöscht, wenn sie negativ verstärkt, das heißt bestraft oder konsequent ignoriert werden.

Dabei gilt als Belohnung auch, wenn aggressives Verhalten zum Erfolg führt, das heißt der Angegriffene innerlich oder äußerlich verletzt ist und diese Verletzung nach außen hin sichtbar wird.

Ansätze zur Veränderung aggressiver Verhaltensweisen

Welche erzieherischen Ansätze lassen sich aus den vorangegangenen theoretischen Überlegungen ableiten?

Voraussetzung dafür, Verhalten zu verändern, ist, Verhalten zu verstehen. Viele als Aggressionen beschriebene Verhaltensweisen verbergen sich als versteckte Kontaktwünsche, Frustrationen über mangelnde Aufmerksamkeit durch die Umwelt oder die unzureichende Fähigkeit, angemessene soziale Verhaltensweisen anzuwenden. Zum Verständnis dieser Verhaltensweisen ist eine längere Beobachtung der Zusammenhänge und Hintergründe wichtig. Dazu gehört auch, daß das eigene erzieherische Verhalten in Beziehung zum aggressiven Verhalten eines Kindes oder einer Gruppe gesetzt wird.

Bekräftigung

Dieses Prinzip besagt, daß jene Verhaltensweisen, die mit Aggressivität unverträglich sind, durch Zuwendung, Aufmerksamkeit und durch Lob bestärkt werden können. Jedes Kind zeigt zahlreiche positive und erwünschte Verhaltensweisen. In vielen Fällen reicht es aus, über eine längere Zeit gezielt und konsequent positive Verhaltensweisen eines Kindes zu unterstützen, um die Häufigkeit aggressiver Verhaltensweisen zu reduzieren.

Nichtbeachtung

Aggressive Verhaltensweisen können verschwinden, wenn durch konsequente Nichtbeachtung (Ignorieren) auf aggressive Verhaltensweisen reagiert wird. Das Kind erlebt dabei, daß seine aggressiven Impulse erfolglos bleiben. Verhalten, das sein Ziel nicht erreicht, verschwindet normalerweise.

Konsequenz im Versuch, Verhalten zu verändern

Ständiger Wechsel von Versuchen, aggressives Verhalten zu verändern, mißlingt in den meisten Fällen. Jede Methode im Umgang mit Aggressivität ist nur erfolgreich, wenn sie über einen längeren Zeitraum und konsequent eingesetzt wird.

Inkonsequenter Einsatz verschiedener Versuche führt oft dazu, daß unerwünschte Verhaltensweisen eher verfestigt werden und erzieherischen Versuchen gegenüber widerstandsfähiger werden.

Deshalb sollte eine neue erzieherische Methode im Umgang mit Aggressionen nur nach reiflicher Überlegung, dann aber über einen längeren Zeitraum konsequent eingesetzt werden.

Psychologische Beratung

Bei besonders ausgeprägten aggressiven Verhaltensweisen sollte der Kontakt zu psychologischen Beratungsstellen gesucht werden (Erziehungsberatung, psychologische Dienste, Fachberatung usw.).

Veränderung aggressionsauslösender Elemente in der Umwelt, Lärm, Unruhe, räumliche Enge, aggressionsauslösende Spielmaterialien und Medien können oftmals gutgemeinte Versuche torpedieren, aggressives Verhalten abzubauen. Zur Veränderung

aggressiver Verhaltensweisen reicht die Änderung des erzieherischen Verhaltens allein oft nicht aus. Sie muß ergänzt werden
durch sinnvolle Änderung in der erzieherischen Umwelt.

Keine der genannten Theorien kann für sich ausschließlich
beanspruchen, alle aggressiven Verhaltensweisen zu erklären.
Betrachtet man Streit, Wut, Zorn, Rache und andere Gefühle, so
läßt sich im einzelnen jede der genannten Theorien für Teil-
aspekte daraus zur Erklärung heranziehen. Zum Verstehen von
Aggressionen bei Kindern in Trennungssituationen oder nach
der Trennung ihrer Eltern im Kontakt mit den Eltern, bietet sich
zum Verständnis ein weiteres Konzept an. Es ist in seinen we-
sentlichen Elementen von *Bischof* 1985 entwickelt und beschrieben worden.

Enttäuschung als Ursprung von Aggression

Der Ursprung aggressiver Verhaltensweisen liegt so gut wie
immer in einer erlebten Enttäuschung. Sie bezeichnet das Gefühl, das sich als Resultat einer erwarteten aber nicht erfüllten
Befriedigung, Anerkennung, Zuwendung oder Anregung einstellt; ein solches Erlebnis läßt sich auch mit Frustration bezeichnen. Welcher Art nun sind Enttäuschungen oder Frustrationen
bei Kindern, bei denen aggressive Verhaltensweisen besonders in
Trennungssituationen gehäuft zu beobachten sind? In der gleichen Weise stellt sich die Frage, welcher Art die Enttäuschungen
sind, die Erwachsene besonders in Trennungssituationen oftmals
aggressiv sein lassen?

Die Auswertung von Beobachtungen zeigt, daß insbesondere drei
Bedürfnisse Aggressionen auslösen, wenn sie nicht gestillt werden: das Bedürfnis nach Sicherheit, nach Erregung und Autonomie. Dies soll im folgenden näher untersucht werden (vgl. hierzu
Bischof).

Ein Neugeborenes entwickelt Urvertrauen, wenn es die wieder-
holte oder durch keine wesentliche Enttäuschung getrübte Erfahrung macht, daß die Mutter da oder in unmittelbarer Nähe ist, für

96

es sorgt und Sicherheit vermittelt. Auch wenn die Mutter im Verlauf der kindlichen Entwicklung immer häufiger und für längere Zeit abwesend ist, wird dieses Urvertrauen nicht zerstört, weil die Erfahrung immer wieder zeigt, daß die Mutter wiederkehrt und nie lange wegbleibt. Eine solche Lebensgrundstimmung ermöglicht dem Kind, Selbstvertrauen zu entwickeln und damit auch Vertrauen zur Welt.

Es gibt aber auch zahlreiche gegenteilige Erfahrungen. Sehr beschützende und behütende Mütter getrauen sich kaum, eine Minute von ihrem Säugling wegzugehen. Sie können ihrem Kind nicht zumuten, daß es für eine gewisse Zeit allein bleibt. Sie haben übergroße Angst, das Kind könnte ohne ihren Schutz und ihre Obhut hinfallen, sich anstoßen oder sich sonstwie einen Schaden zufügen. Später, wenn solche Kinder draußen spielen, zeigen sie ängstliches Rückzugsverhalten, wenn Probleme irgendeiner Art auftauchen. Ihre Mütter finden kaum Ruhe, wenn ihre Kinder nicht in ihrer Obhut sind; sicher sind sie erst wieder, wenn ihr Kind in die Geborgenheit der häuslichen Atmosphäre zurückgekehrt ist. Solche Mütter mißtrauen dem Bedürfnis ihrer Kinder nach Selbständigkeit und fortschreitender Entwicklung. Etwas hält sie von der Erfahrung ab, daß Kinder zunehmend mehr für ihre Sicherheit selbst sorgen wollen.

Das Grundgefühl von Sicherheit steht in engem Zusammenhang mit dem Gefühl erlebter Nähe oder Distanz. Ein Mensch, der weit fort ist, steht uns vielleicht sehr nahe, derjenige, der ganz nahe ist, versetzt uns oft in Spannung. Lange Zeit haben sich Forscher darum bemüht herauszufinden, ob sich Ehepaare eher zu einer erfolgreichen Beziehung zusammenfinden, die große Ähnlichkeit besitzen oder solche, die ganz unterschiedliche Einstellungen und Verhaltensweisen entwickeln. Die Wissenschaft ist hierüber zu keinem eindeutigen Ergebnis gekommen.

Wesentliche Voraussetzung aber für das Gelingen einer Beziehung ist, daß das individuelle und spezifische Bedürfnis nach Sicherheit erkannt und vom Partner entsprechend akzeptiert wird. Ansonsten kommt es bei zu viel Nähe genauso zu einer

Enttäuschung wegen des Sicherheitsbedürfnisses wie bei zu viel Distanz. Für das Gelingen einer zwischenmenschlichen Beziehung ist deshalb eine soziale Sensibilität erforderlich, auf deren Grundlage der Partner zum Ausdruck bringt, in welcher Weise sein Bedürfnis nach Sicherheit gestillt wird. Es scheint, daß jeder Mensch für sich selbst eine eigene Dimension entwickelt hat, aufgrund der er seine individuelle Distanz festlegt. Dies gilt nicht nur für seinen Partner, sondern auch für seine Familienangehörigen, den Freundeskreis und generell die soziale Umwelt. Solche Muster sind das Resultat ähnlicher Erfahrungen im Verlauf der Kindheit. Sie wirken gleichsam ein Leben lang wie ein Seismograph für die Ausgestaltung zwischenmenschlicher Beziehungen.

Bei Ehepaaren, die sich trennen, ist zu beobachten, daß es oftmals über Jahre hinweg schwierig war, die jeweiligen Bezugssysteme für Nähe und Distanz miteinander in Übereinstimmung zu bringen. Dies besagt nicht, daß beide Systeme in einer gelungenen Beziehung identisch, sondern lediglich, daß sie in einem Bereich von Akzeptanz und Toleranz gelegen sein müssen. Die Bezugssysteme von Nähe und Distanz und damit für Sicherheit sind ständig Irritationen und Veränderungen unterworfen. Sie werden tangiert beispielsweise durch Veränderungen beruflicher Art, durch neue Bekanntschaften oder Freundschaftsbeziehungen, Wohnungs- oder Wohnortwechsel. Besonders betroffen werden solche Systeme aber durch die Geburt von Kindern und entsprechenden Veränderungen der Lebensumwelt und Einstellungen. Oftmals zerbrechen solche bereits unausgewogenen Systeme dann, wenn ein Partner dies auch dadurch dokumentiert, daß er eine intensive Beziehung zu einem neuen Partner eingeht, und dadurch das Verhältnis von Nähe und Distanz in bezug auf den bisherigen Partner vollständig und von Grund auf verändert. Bis es zum endgültigen Bruch kommt, fehlt dann auch nur noch Zeit, bis das deutlich wird, was bereits im Kern vorhanden ist, nämlich eine neue Einschätzung von Nähe und Distanz und der entsprechenden Entwicklung eines neuen Sicherheitsgefühls.

Verfolgt man andererseits Entwicklungsverläufe von Kindern, so läßt sich feststellen, wie fundierend Kindheitserfahrungen besonders für das Bezugssystem von Nähe und Sicherheit sind.

Eltern, die sehr lange in einer sehr engen Symbiose mit dem Kind leben, entwickeln dabei auch einen entsprechenden Maßstab für Sicherheit und Unsicherheit. Im gelungenen Fall entwikkelt das Kind eigene Kräfte, die es aus der Symbiose lösen, und dabei entwickelt sich ein enger, selbständiger Wertmaßstab für Sicherheit; gelingt eine entsprechende Trennungsbewältigung nicht oder kapituliert das Kind vor den nie endenden symbiotischen Erwartungen seiner Eltern, so kann dies dazu führen, daß sich ein ungünstiges Schema für Nähe und Sicherheit entwickelt. Entsprechende Fehlanpassungen können dazu führen, daß sie den jeweiligen Partner in späteren Beziehungen von Anfang an in ein Konfliktfeld geraten lassen.

Ein Beispiel:

> Friederike, obwohl schon neun Jahre, saß auf dem Schoß der Mutter, umklammerte sie und hielt engen Körperkontakt mit ihr, auch der Blick war vorwiegend auf die Mutter gerichtet. Friederikes Vater, der seit mehreren Monaten von der Familie getrennt lebte, wollte mit Hilfe eines Psychologen in einem neutralen Beobachtungszimmer wieder Kontakt mit seiner Tochter aufbauen. Die Mutter hatte darauf bestanden, daß sie bei solchen Kontakten, zumindest am Anfang, dabei sein müsse, weil sie ansonsten befürchtete, daß das Kind in Angst und Schrecken versetzt werde. Der Vater versuchte mit Warten und einladenden Worten, auch mit Appellen, an sein Kind heranzukommen, das er bereits mehrere Monate nicht mehr gesehen hatte. Er hatte keinen Erfolg, weil er keine Chance bekam.

Kinder entwickeln ein System für Sicherheit. Wenn dieses System sehr eng auf einen Partner zugeschnitten ist und wenig Spielraum freiläßt für Beziehungen zu anderen Personen, auch zum anderen Elternteil, dann hat dieser sehr geringe Chancen, eine eigenständige und fruchtbare Beziehung zu seinem Kind aufzubauen. Bereits kleine Abweichungen vom Warnsystem für

Sicherheit lösen beim Kind entsprechende Enttäuschungen oder Frustrationen aus und lassen eine Beziehung nicht mehr zu. Diese Mechanismen laufen bereits zu einem frühen Zeitpunkt und haben gewohnheitsbildende Auswirkungen. In Fällen, in denen es zur Trennung oder Scheidung kommt, verstärken und verschlimmern sich derlei Reaktionen. Je mehr, etwa durch den Kontakt zu einem Elternteil, das Sicherheitssystem labilisiert wird, desto stärker wird die Fixierung auf den jeweils anderen Partner. Die Chancen, daß ein Kind entsprechend gute und offene Beziehungen zu beiden Elternteilen aufnehmen kann, werden dadurch geringer. Enttäuschend wird es dann für den zumeist nicht im Haus lebenden Partner, wenn er mit ansehen muß, daß ihm jegliche Chance verbaut wird, eine positive und fruchtbare Beziehung zu seinem Kind aufzubauen.

Erregung und Ruhe

Bei Kindern läßt sich eine bestimmte Entwicklungsstufe als »Fremdeln« bezeichnen. Was besagt dies? Mehrere Monate, nachdem Kinder lernen zu laufen und damit ihren Aktionsradius und ihr Wahrnehmungsfeld ganz plötzlich ausweiten, kommt es zu einem Übermaß an Wahrnehmungen, Eindrücken und sozialen Erfahrungen; sie bringen das Kind in Gefahr, in ein emotionales Chaos zu stürzen. Gleichsam als Gegenreaktion hierzu zeigt ein Kind mit etwa 18 Monaten Rückzugsverhaltensweisen, Scheu vor neuen Eindrücken, Distanz zu fremden Personen und zu Dingen, die das Kind nicht kennt. Das ursprüngliche Neugierverhalten hat sich ins Gegenteil verkehrt. Diese Beobachtungen zeigen, daß es ein inneres Maß dafür gibt, wann Eindrücke durch die Außenwelt positiv oder negativ erlebt werden. *Heckhausen* hat in seinen Studien über Spielhandlungen von Kindern festgestellt, daß es bei jedem Menschen ein mittleres Erregungsniveau gibt, das in der Mitte zwischen Wachsein und Schlaffheit liegt. Ihr Über- oder Unterschreiten ist unlustbetont, die Rückkehr zu einem mittleren Pegel jedoch wird als angenehm und positiv erlebt. Die Persönlichkeitspsychologie hat unterschiedliche Charaktertypen unterschieden, je nachdem, ob sie leicht erregbar sind, bedingte Reflexe sich leicht aufbauen oder schwer abbauen lassen.

Im Gegensatz zum beschriebenen Erregungstypus steht der Hemmungstypus, der weniger leicht erregbar ist und also auch in seiner Reaktion auf bedingte Reflexe gegenteilig reagiert, nämlich verlangsamt. Neuere Ergebnisse der Nervenphysiologie und Neuropsychologie zeigen interessante Ansätze, wie weit psychologisch beschriebene Begriffe wie »Erregbarkeit« und »Reizschwelle« in ihrem physiologischen Zusammenhang erklärbar sind. Das Ausmaß an Erregbarkeit beschreibt das Ausmaß an inneren und äußeren Impulsen, das sich im Verlauf der Entwicklung als Richtwert einpendelt, von dem aus Abweichungen mit bestimmten positiven oder negativen Empfindungen verbunden sind. Der jeweilige Erregungszyklus hat sicherlich seine Wurzeln in der jeweiligen psychophysiologischen Ausstattung und ist vorgeburtlich bestimmt. Beobachtungen haben jedoch gezeigt, daß bereits die ersten Stunden nach der Geburt Aussagen darüber zulassen können, wie sich ein entsprechender Erregungspegel eines Säuglings einstellt oder auch verändert, je nachdem, ob die Umweltbedingungen dabei eher durch eine Vielfalt von Reizen und Eindrücken gekennzeichnet sind oder durch Reizarmut. Schreitet die Entwicklung eines Kindes gut voran, dann entwickelt sich auch ein stabiles Neugierverhalten. Bei Kindern zeigen sich dementsprechend spielerische Aktivitäten, die durchaus auch einen biologischen Sinn haben.

Zahlreiche Eltern, die schwere Ehekonflikte auszustehen haben, handeln in der Absicht, das Kind möglichst wenig von den Konflikten spüren zu lassen, die die Eltern untereinander haben. Dahinter steht die Absicht, daß das Kind durch ein Übermaß an Erregung in psychische Schwierigkeiten geraten könnte. Genauere Beobachtungen allerdings zeigen, daß dies nur in einem sehr begrenzten Sinn möglich ist. Kinder scheinen auch durch die Art der nichtsprachlichen Ausdrucksverhaltensweisen zu spüren, in welchem Gleichgewicht oder in welcher Spannung sich die Beziehungen der Eltern untereinander befinden. Oftmals drängt sich der Eindruck auf, daß Kinder für derartige atmosphärische Spannungen sehr viel empfänglicher und empfindsamer sind als die Eltern selbst. Genau solche Kinder werden dann durch die tatsächliche Trennung überfordert. Wie bei einem Dammbruch stürzen Empfindungen und Eindrücke auf diese Kinder ein, das Erregungsausmaß wird zu groß. Aus diesem Chaos entwickelt das Kind auch mehrere Möglichkeiten des Reagierens. Häufig geschieht ähnliches wie das Fremdeln bei einem mehrere Monate alten Kind, nämlich Rückzug, Hemmung und Blockade. Das, was außen ist, wird als bedrohlich erkannt, was innen ist, wird gleichermaßen wie mit einem Klammerinstinkt festgehalten. Freiheit, Sicherheit und Ursprung des Neugierverhaltens sind dann verlorengegangen. Solche Kinder reagieren mit großer Abwehr auf veränderte soziale Situationen. Erwachsene beurteilen dies auch häufig als Aggression.

Beispiel:

> Martina, erst 18 Monate, blieb auch nach der Trennung der Eltern bei der Mutter. Mutter und Tochter leben wie in einer Nußschale in einem Haus, in dem alles sehr penibel eingerichtet, sehr exakt geordnet ist, alles reinlich gehalten wird und nur Hausschuhe erlaubt sind. Mutter und Kind, in einer engen emotionalen Verwachsenheit, reagieren sehr sensibel auf Impulse der Veränderung. Zufrieden und frei sind die beiden nur innerhalb ihrer Wohnung. Immer weniger nehmen Mutter und Kind Kontakt mit der Umwelt auf. Als der Vater Martinas versuchte, zu ihr Kontakt zu bekommen, war er für das Mädchen ein bedrohlicher Fremder geworden, demgegenüber sie mit Abwehr reagierte.

Solche Abwehrreaktionen werden besonders häufig bei Kindern beobachtet, die ein Gefühl dafür behalten haben, wer ihr Vater sei und wie er aussieht. Das, was ursprünglich sehr nahe war, wird sogleich als das Bedrohlichste erlebt. Dies ist eine Dialektik, die oftmals in menschlichen Beziehungen zu finden ist. Kinder, die mit einem Übermaß an Erregung konfrontiert werden, haben es schwer, zu einem positiven, freien Neugierverhalten zu finden. Eltern, die etwa um das Sorgerecht oder um das Besuchsrecht ihrer Kinder streiten, bringen oftmals einen Effekt hervor, der mehr Erregung, noch mehr Aufregung, noch mehr Widerstand und Abwehr durch das Kind hervorruft. Häufig wird ein solcher Prozeß – wenn auch unbewußt – auch von einem Elternteil unterstützt, der sich selbst vor den Eindrücken des ehemaligen Partners schützen und wehren muß. Solche Mechanismen aufzulösen, ist vor allem deshalb von Bedeutung, weil ansonsten Fixierungen und Hemmungsmechanismen aufgebaut werden können, die sich habituieren, das heißt zur Gewohnheit werden und auch andere soziale und emotionale Verhaltensweisen und Beziehungen beeinträchtigen können. Psychologen und Therapeuten raten deshalb davor ab, solchen verfestigten Widerständen mit Vermeidung zu begegnen, sondern raten dazu, schrittweise und durch unterschiedliche Hilfen den Versuch zu wagen, die ursprüngliche Neugier und Lebensfreude wieder herzustellen. Als Reaktion auf entsprechende Frustration in bezug auf mißlungene Gleichgewichte zwischen Erregung und Ruhe gibt es gewisse Entwicklungsabfolgen. Am Anfang sind heftige aggressive Reaktionen, schlagartiges Abwehren von Fremdem zu beobachten, danach kommt es oftmals zu eher versteinerten Abwehrmechanismen oder zu habituellen Rückzugsverhaltensweisen. Damit gerade bei Kindern, die Trennung und Scheidung zu bewältigen haben, Neugierverhalten und Lebensfreude nicht verschüttet werden, ist es besonders wichtig, daß sie im Spiel die ursprünglichen Fähigkeiten weiter entwickeln. Kinder, die vom Leid und von Problemen der Eltern sehr arg mitbetroffen sind, hören auf zu spielen und neugierig zu sein. Umgekehrt ist das Spiel in seiner heilenden und stützenden Kraft eine Möglichkeit, die Verbindung zu einem natürlichen Explorationsbedürfnis wieder herzustellen und Unangenehmes zu verkraften. Kinder, die im Spiel auch an die Probleme herangehen, die die Eltern miteinander haben oder die Eltern mit sich selbst, ermöglichen Zuversicht und sie können die Probleme eher meistern. Im umgekehrten Fall müssen lange Wege beschritten werden, die Kinder aus der Entfremdung, aus Abwehr und Resignation herauszuführen.

Autonomie

Autonomie bezeichnet die Kraft und die Energie, sein Leben in die eigene Hand zu nehmen, die eigenen Wege zu gehen, auf eigenes Risiko zu leben, keine fremde Hilfe zu beanspruchen und daher auch niemandem Rechenschaft oder Rücksicht zu schulden. Das Gegenteil davon ist Abhängigkeit, mangelnde Durchsetzungsenergie, Angewiesensein auf Hilfe.

Sich selbst als autonom zu erleben, gelingt einem Kind nur, wenn ihm auch diese Autonomie von klein auf bereits schrittweise zugebilligt wird. Besonders gravierend wird diese Frage bei Kindern, die gefühlsmäßig nicht autonom sein dürfen. Im Streit um das Sorgerecht oder den Kontakt zu Kindern lassen manche Eltern nichts unversucht, die Gefühle ihrer Kinder zu beeinflussen oder zu bestimmen. Die Erfahrung von Richtern und psychologischen Sachverständigen zeigt, daß hierdurch schwerer Schaden an der Persönlichkeitsentwicklung eines Kindes angerichtet wird.

Jemand, dem die Autonomie seiner Gedanken, seiner Gefühle und Handlungen nicht seinem Alter und seinen Möglichkeiten entsprechend zugebilligt wird, reagiert enttäuscht, frustriert, mit Rückzug oder mit Aggressionen.

Bisher wurden drei Wurzeln für Enttäuschungsgefühle, insbesondere bei Trennungssituationen von Kindern, beschrieben. Mangel an erlebter Sicherheit, überstürzende Eindrücke und Verlust von Autonomie führen zu Enttäuschungsgefühlen. Wie kommt es dazu, daß manche Kinder aggressiv darauf reagieren, andere Kinder aber nicht? Frustration erzeugt zwar häufig Aggression, sie kann aber bei entsprechenden Lern- und Situationsbedingungen auch zu Rückzugsverhalten führen. Vor allem,

wenn Kinder über längere Zeit in zermürbende Konflikte verwik-
kelt werden, erscheint ihnen oftmals das Reagieren, das Aufbäumen und aggressive Herangehen an das Problem zwecklos,
immer mehr zeigen sie Rückzug, Deprimiertheit und Schwäche.
Daß dies nicht weniger schlimm ist, ist für jeden nachvollziehbar.

Das Ziel sollte jedoch sein, daß Kinder, die Trennungssituationen durchzumachen haben, nicht alleine aggressiv darauf reagieren oder mit ausgeprägtem Rückzugsverhalten, sondern daß sie
daran auch positive Seiten erkennen sollen. Aus dem Chaos eine
Ordnung zu entwickeln, aus der Krise eine Chance werden zu
lassen, aus der Frustration eine neue Entdeckung über sich und
die Welt zu machen und dadurch Handlungskompetenz und Ich-
Stärke zu entwickeln, ist das Ziel jeglicher Bemühungen, Kindern
die Trennung ihrer Eltern bewältigbar zu machen.

Im folgenden seien die Zusammenhänge verdeutlicht.

Emotionale Grundansprüche und Reaktionen auf Enttäuschung

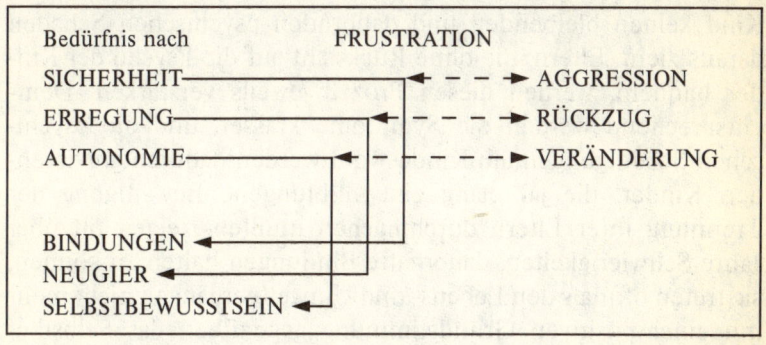

Die Bedürfnisse nach Sicherheit, Erregung und Autonomie
führen in einer harmonischen Entwicklung zu Bindungsfähigkeit,
zu Neugier und zu Selbstbewußtsein.

Das sind die Garanten einer stabilen Persönlichkeit und der
Fähigkeit, in kritischen Situationen Halt und Stärke zu bewahren.

Was geschieht jedoch, wenn die Bedürfnisse einer Enttäuschung
oder Frustration ausgesetzt sind? Wie gleichsam auf Umwegen

kommt es zu Korrekturverhaltensweisen, die Signalcharakter haben. Sie beinhalten einen Appell für eine gestörte Systematik von Bedürfnis und deren Äußerung und sollen Mittel und Wege freisetzen, die Systematik wieder auszugleichen und Harmonie herzustellen. Dies und nichts anderes bedeutet der Signalcharakter von Symptomen wie Aggression, Rückzug, Unruhe oder Unsicherheit. Aggressionen, Rückzug oder auch konstruktive Veränderungen haben den Zweck, die Barrieren wegzuräumen, die dem Bedürfnis nach Sicherheit, Erregung und Autonomie im Erreichen ihres jeweiligen Zieles im Wege stehen. So haben jeweils solche Verhaltensweisen ihren Sinn und helfen uns, zugrundeliegende Systeme besser zu verstehen.

Eltern in Trennungssituationen, die sich bemühen, für die Kinder aus der Krise eine Chance werden zu lassen, können diese Überlegungen mit großem Gewinn für sich anwenden. Sie werden sich gemeinsam darauf verständigen, wie jeweils den Grundbedürfnissen des Kindes entsprochen werden kann, damit das Kind keinen bleibenden und dauernden psychischen Schaden daraus zieht. Eltern, die ohne Rücksicht auf die Psyche der Kinder handeln, werden diesen Prozeß jeweils verstärken. Dementsprechend werden die Symptome krasser, und die psychischen Schädigungen am Kindeswohl werden dadurch gravierender. Kinder, die jahrelang eine mißlungene Bewältigung der Trennung ihrer Eltern durchmachen mußten, zeigen oft über Jahre Schwierigkeiten, dauerhafte Bindungen halten zu können, sie treten oftmals den Lebens- und Umweltvorgängen nicht mehr mit einer positiven Grundstimmung gegenüber, das Selbstbewußtsein ist angeschlagen. Aufwendige Selbsterziehung oder gar Therapie sind oftmals notwendig, um solche krankmachenden Mechanismen in sich wieder zu entdecken und mit den Kräften seiner Person zu korrigieren. Eltern, die sich vorangegangenen Überlegungen öffnen, können weitgehend derartige Wirkungen verhindern.

Die psychischen Mechanismen, die den Streit lenken

Die Worte und Gedanken, die Streit und Konflikte begleiten und bestimmen, verdecken oft die Zusammenhänge und die ursächlichen Bedingungen. Die Psychologie, insbesondere die Psychoanalyse, hat Begriffe und Aussagen entwickelt, um die Mechanismen von Konflikten zu analysieren. Besonders folgende sind im Zusammenhang von Streit und Trennung von besonderer Bedeutung:

- Übertragung
- Widerstand
- Identifikation mit dem Kind
- Projektion von Aggressionen
- Angst vor sozialer Schande
- Das Kind als Rettungsanker der Verzweiflung

Aus der Analyse dieser Faktoren wird sich zeigen, welche Hilfestellungen möglich sind, den Schwierigkeiten auf den Grund zu gehen, die im Verlauf von Trennungen für das Kind und die betroffenen Erwachsenen schmerzlich sind. Lösungswege werden ausfindig gemacht, die nicht dazu führen, daß die Trennung eine Niederlage für das Kind wird, sondern eine Chance zur Lebenstüchtigkeit und Menschlichkeit.

Übertragung eigener Gefühle auf andere

Hinter diesem – auf den ersten Blick recht einfachen – Begriff »Übertragung« verbergen sich sehr komplexe psychische Mechanismen. Allen ist gemeinsam, daß durch Übertragungsprozesse ein Stück eigener seelischer Wirklichkeit im anderen wiedergefunden beziehungsweise auf den anderen übertragen wird. Damit sind Gefühle wie Liebe, Zuneigung, Achtung, aber auch Haß, Furcht, Verachtung gemeint.

Wie Übertragungen und Gegenübertragungen in der Praxis bei einem Ehepaar, das in Scheidung lebt und um sein Kind kämpft, aussehen, zeigt die folgende Grafik:

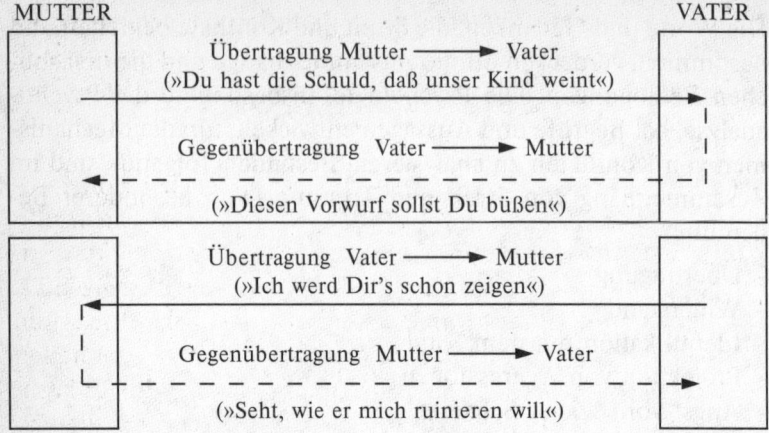

Analysen von Übertragungen zeigen, wie persönlich erlittene frühkindliche Verletzungen auf den Partner übertragen werden mit dem Ergebnis, daß sie von ihm genauso verletzt werden, wie sie als Kinder gekränkt worden sind. Ähnlich ist dies auch bei Elternvernachlässigungen, erlittener Instabilität von Beziehungen oder dramatischen Trennungserfahrungen. Die Analyse solcher Übertragungen ist deshalb von entscheidender Bedeutung, weil dadurch ein Verständnis dafür entwickelt werden kann, warum manche Trennungen mit derartig zahlreichen Konflikten und seelischen Problemen verbunden sind. Sie ermöglicht auch zu erkennen, in welcher Weise Kinder in diesen Mechanismus hineingezogen werden, wenn auch gegen bessere Absicht oder wider besseres Wissen der Beteiligten. Schließlich sind nicht nur die Partner selbst Objekte von Übertragungen, sondern viel intensiver sind es die Kinder, auf die sich die Übertragungsgefühle der Erwachsenen beziehen. So schutzlos, wie manche Erwachsene sich selbst in ihrer Kindheit fühlten, so schutzlos glauben sie, sind ihre Kinder, wenn sie beim getrenntlebenden Partner sind. Im Sinne von Gegenübertragungen werden zahlreiche Prozesse dieser Art noch unterstützt und verschärft. Dieser vermeintlichen Schutzlosigkeit gegenüber fühlen sich Erwachsene dann zu Verhaltensweisen verpflichtet, die den Wunsch gewährleisten sollten, den man selbst von den Eltern in früher Kindheit gern verwirklicht gesehen hätte.

Ein Beispiel:

> Frau Herbst wollte erreichen, daß der Vater den gemeinsamen Sohn Sebastian, fünf Jahre alt, nicht mehr so häufig sieht. Die Mutter begründete dies damit, daß der Vater den Jungen während der Besuchswochenenden sehr vernachlässige; schon das Frühstück wäre nicht reichlich genug, den Tag über würde der Vater mehr mit seinen Angelegenheiten im Haus beschäftigt sein, als sich um seinen Sohn zu kümmern, Sebastian würde mit viel zu vielen Verwandten in Kontakt sein, wobei doch nur der Vater das Umgangsrecht zugestanden bekommen hätte. Schließlich würde der Junge schmutzig, durstig und hungrig wieder zur Mutter zurückgebracht.

> Fragte man Sebastian, wie es ihm beim Vater gefiele, antwortete er uneingeschränkt positiv. Den selben Ablauf der Ereignisse beim Vater erzählte er mit einem durchaus zufriedenen Eindruck. Die Mutter selbst verhielt sich dem Jungen gegenüber sehr fürsorglich und behütend, glaubte zu wissen, was er zum Frühstück brauche, wie sein Tag möglichst angenehm und lehrreich verlaufen solle, und organisierte und strukturierte deshalb den Tagesablauf und die Lebensumwelt des Jungen.

> Was sie selbst, teilweise als Ergebnis ungünstiger frühkindlicher Erfahrungen, als Einstellung und Verhaltensgewohnheit entwickelt hatte, übertrug sie vollends auf andere Personen und Situationen. Es war daher verständlich, daß es die Mutter in hohem Maß irritieren mußte, daß sie gänzlich andere Einstellungen und Verhaltensweisen vorfand, wenn der Junge vom Vater zurückkam.

Beobachtungen über längere Zeit hinweg zeigten, daß dieser Mechanismus nicht durch neue Beobachtungen korrigiert wurde, sondern, ganz im Gegenteil, die Mutter immer neue Anzeichen von Vernachlässigung durch den Vater zu beobachten glaubte, während sie selbst unbewußt immer deutlicher das Erleben und das Verhalten ihres Jungen organisierte und ihrer Gedankenwelt und ihren Erlebnisinhalten unterordnete.

Dieser intern plausible und einfache Mechanismus von Übertragung und Gegenübertragung würde sehr vielen Eltern ermöglichen, neue und bessere Wege zu finden, um Konflikte in bezug auf Trennungen und Umgang mit Kindern zu lösen. Was hindert sie aber, den Schwierigkeiten nachzugehen, Analysen dieser Prozesse zuzulassen, neue Wege ausfindig zu machen und die Probleme nicht allein zu wiederholen, sondern auch zu lösen? Es ist ein Widerstand, eine Blockierung, die Schwierigkeiten bereitet.

Widerstand gegen therapeutische und psychologische Hilfen

Auch aus diesem Begriff lassen sich für die Frage nach den Schwierigkeiten bei der Lösung von Trennungssituationen und Kontakten nach einer Scheidung klärende Hinweise ableiten. Widerstand bezeichnet ein Kräfteverhältnis zwischen zwei Polen, das mit Einfluß, Impuls oder Macht auf der einen Seite zu kennzeichnen ist, andererseits beim gegenüberliegenden Pol in einen Gegeneffekt mündet, der Widerstand, Gegenkraft, Gegenmacht, Blockierung und Abwehr bedeutet.

Auf der politischen Ebene tritt Widerstand häufig da auf, wo Übermacht erlebt wird, die Legitimation der Macht fehlt, ungerechte Ausübung von Macht sich eingestellt hat und die Machtträger die Funktionen nicht mehr in der Weise erfüllen, wie es nach Ansicht der Betroffenen zu rechtfertigen wäre. Der politische Widerstand ist ein oftmals notwendiger, aber riskanter Prozeß. Wenn die Übermacht zu groß ist, die Leiden zu schrecklich, die Einengung nicht mehr zu ertragen ist, ist Widerstand meistens die einzig mögliche Reaktion. Was bedeutet dies nun im Bereich der innerpsychischen Vorgänge? Widerstand bezeichnet nach der psychoanalytischen Theorie jene Vorgänge und Prozesse im Menschen, die sich gegen die heilende Arbeit richten, das heißt entgegen den Bemühungen des Analytikers den alten Zustand aufrechterhalten wollen.

Freud selbst hat diesen Begriff eingeführt, nachdem er beobachtet hatte, daß es innere Vorgänge im Patienten geben muß, die ihn an dramatische Vorfälle erinnern und an freien Assoziationen, Gefühlen und Gedanken hindern. Anfänglich hat er solche Erscheinungen als Hindernis und unangenehme Begleiterscheinungen des therapeutischen Behandlungsprozesses angesehen, bald jedoch wurden sie zentrale Grundlage für seine dynamische Auffassung seelischer Krankheit. *Freuds* Konsequenz lautet, »daß die Überwindung dieser Widerstände die wesentliche Leistung der Analyse ist«.

Das Aufarbeiten von Widerständen ist häufig eine langwierige und schwierige Aufgabe. Einmaliges Bewußtmachen durch die Deutung des Analytikers bewirkt zumeist keine Änderung. Erst am Ende einer Behandlung finden gleichsam Kreisprozesse statt, in denen Einsicht, Erinnerungen und Verhaltensänderungen sich gegenseitig beeinflussen und schließlich zur endgültigen Heilung führen. Widerstand bezeichnet also im psychologischen Sinn die Weigerung einer Person, unbewußte Motive, die verhaltens- und lebenswirksam geworden sind, als solche zu erkennen. Dieser Widerstand verläuft aber jenseits bewußter Wahrnehmungen, entzieht sich dem Gebrauch anderer Ich-Instanzen. Dies führt zur Frage, warum Widerstände aufgebaut werden und was sie bewirken sollen. Verfolgen wir das vorangegangene Beispiel.

Sebastians Mutter war durch Schilderungen des Vaters und auch nach zahlreichen Versuchen nicht von ihrem Vorwurf abzubringen, daß der Junge vom Vater vernachlässigt werde. Nicht einmal fachkundige Sozialpädagogen des Jugendamtes und auch nicht der Familienrichter konnten den Eindruck der Mutter korrigieren.

Erst die Bereitschaft der Mutter, sich in mehreren psychologischen Tiefengesprächen die Zusammenhänge zu verdeutlichen, führten zum Kern des Problems und zur Analyse der Widerstände, die sie daran gehindert haben, die Realität zu erkennen. Es zeigte sich immer deutlicher, daß die Mutter Angst hatte, die Liebe ihres Kindes zu verlieren. Dies brachte sie wieder in Verbindung mit der eigenen Unsicherheit, in der sie in frühester Kindheit die Beziehung der Eltern zu ihr erlebt hatte. Diese Ängste psychologisch abzubauen, brauchte Zeit. Das wirkte sich nicht nur befreiend für die Beziehung zwischen der Mutter und ihrem Kind aus, sondern öffnete der Frau ganz neuartige Möglichkeiten, Beziehungen anzuknüpfen und fruchtbar zu gestalten.

Das Beispiel zeigt, daß der Zweck solch heimtückischer Widerstände oft darin besteht, innere Ängste abzuwehren.

Häufige Abwehrmechanismen

Das Ich bedient sich der Abwehrmechanismen, um sich gegen Triebansprüche, peinliche Vorstellungen und unerträgliche Affekte zu schützen. Sie sind immer mit Angst oder Unlust verbunden. Den Abwehrmechanismen kommt die Aufgabe zu, das Ich vor eben dieser Angst und Unlust zu schützen, wobei Unlust verschiedene Erlebnisqualitäten aufweisen kann, etwa das Gefühl der Triebspannung, des Unbefriedigtseins, der Minderwertigkeit, der Scham, der Zurücksetzung, des inneren Zwiespalts, des Ungenügens oder der Schuld. Im folgenden werden jene Abwehrmechanismen beschrieben, die bei Trennungsproblemen und Konflikten beim Umgangsrecht besonders häufig beobachtet werden:

- Leugnung der Realität
- Identifikation mit dem Aggressor
- Rückkehr zu kindlichen Verhaltensweisen
- Vereinfachung
- Verdrängung

Eine auch im Alltag zu beobachtende Abwehr angstvoller, unlustbetonter und schmerzvoller Erfahrung ist zu leugnen, daß es etwas Schmerzvolles, Angstmachendes oder Unangenehmes überhaupt gibt. *Kübler-Ross* hat beschrieben, welche Phasen Menschen durchmachen, die mit dem Tod eines geliebten Menschen oder mit dem eigenen bevorstehenden Tod fertigwerden müssen. Einer der hervorstechendsten Abwehrmechanismen, sich um derlei Ängste nicht kümmern zu müssen, besteht darin, vorzugeben, das schmerzvolle Erlebnis existiere überhaupt nicht. Den wirklichen psychischen Sachverhalt herzustellen und dem Bewußtsein zugänglich zu machen, wirken starke Abwehrmechanismen entgegen. Obwohl eine solche Abwehr durchaus ihren psychologischen Sinn hat und einen davor schützen kann, nicht mit dem konfrontiert zu werden, was einen scheitern läßt, wird dadurch aber auch eine Lösung des Problems verhindert. Die schmerzlichen und angstvollen Erfahrungen wieder ins Bewußtsein treten zu lassen, bringt viel Schmerz, innere Verletzung, Unsicherheit und Angst hervor. Es kann auch wie bei einer therapeutischen Behandlung zu einer krisenhaften Zuspitzung der Situation kommen, aus der heraus aber erst der Weg zum endgültigen Erfolg führt. Nicht jeder ist stark genug und dafür offen, sich einer solchen Analyse zu unterziehen.
Trennungen und der Kampf um die Beziehung der Kinder sind ebenso mit Krisen, Selbstzweifeln, Unsicherheit und Angst verknüpft. Es kommt dabei auch zu besonders krisenhaften Zuspitzungen. Sie können – ähnlich wie bei therapeutischen Behandlungen – dazu führen, daß sich Abwehrmechanismen verfestigen oder auch neue herausbilden. Sie können aber auch dazu führen, daß die Selbsterkenntnis zunimmt, die Einsicht in innerseelische Vorgänge gefördert wird, und daß – gereift durch die Krise – neue Sichtweisen eröffnet werden. Nicht nur für Kinder, sondern auch für Menschen in unterschiedlichen Situationen ist es typisch, daß sie innere Konflikte in Form von Kämpfen mit der Außenwelt austragen. »Das Kind streitet mit einer

Person seiner Umwelt und erleichtert und verleugnet damit seinen inneren Zwiespalt« *(A. Freud)*. Bei Eltern, die sich getrennt haben, oder auch bei Kindern, die Trennung zu verarbeiten haben, besteht ein häufiger Abwehrmechanismus darin, die Realität zu leugnen. Aussagen wie folgende sind typisch: »Ich habe überhaupt keine Probleme« oder »Es gibt keine Schwierigkeiten«.

Ein Beispiel:

> Jürgen, vier Jahre, und seine Mutter wohnten seit Wochen alleine, nachdem plötzlich und ohne recht erkennbaren Anlaß der Vater und Ehemann nach einer kurzen Erklärung und Regelung der notwendigen Umstände aus dem gemeinsamen Haus ausgezogen war. Seitdem hatte die Mutter kein Wort mehr über den Vater gesprochen, jegliche Emotion hatte sie unterdrückt, kein Gefühl des Enttäuschtseins, der Wut, der Trauer, der Ohnmacht oder Verzweiflung mehr geäußert. Auch Jürgen verhielt sich so wie die Mutter. Weil sie die Angst und die Enttäuschung über die Trennung nicht zu verkraften glaubten, konnten sie die Realität nicht mehr akzeptieren. Es war zu sehen, daß eine solche Abwehr nur mit großen Einbußen funktionierte und brüchig war. Die Mutter zeigte an ihrem Körper Verkrampfung, Disharmonie und Niedergeschlagenheit. Auch bei Jürgen war ähnliches zu beobachten.

Die Realität nicht zu erkennen, heißt, daß die Chance nicht genutzt wird, neu entstandene Situationen zu bewältigen.

Identifikation mit dem Aggressor

Um übermächtige Angst abzuwehren, nutzen manche Menschen folgenden Mechanismus: Sie schreiben der Umwelt Aggressionen zu, die sie bei sich selbst verspüren.

Ein Beispiel:

> Sonjas Mutter gab bei Gericht an, daß sie sich von ihrem geschiedenen Mann bedroht fühle. Sie habe ihn in der Stadt

getroffen, und er habe sie verfolgt und ihrem Kind und ihr Schaden und Gefahr angedroht. Auch nachts würde ihr Mann anrufen und arge Beschimpfungen und Bedrohungen aussprechen. Einmal sei er auch gegen sie tätlich geworden. Der Mann müsse eingesperrt werden, zumindest aber müsse ihm der Kontakt mit dem gemeinsamen Kind verboten werden. Sonja selbst schlug sich, je nachdem, welche der beiden Bezugspersonen in der Nähe war, jeweils auf die eine oder andere Seite und ergriff entsprechend Partei. Auch Sonjas Vater beklagte, daß seine Frau, wo immer sie ihn treffe, ihn beschimpfe, beleidige und mit unflätigsten Wörtern lauthals »kleinkriegen« wolle. Der andauernde Versuch, mit Hilfe von Rechtsanwälten, Psychologen und dem Familiengericht den Vater vom Kontakt mit seiner Tochter auszuschalten, sah er als hinterlistige Mache seiner Frau.

Über jeweils den anderen und erst recht, wenn beide zusammen waren, äußerten sie verbale Aggressionen, üble Beschimpfungen und schwerwiegende Andeutungen. Nach mehreren Beobachtungen wurde klar, daß es sich bei beiden Eltern um einen fatal wechselseitigen Abwehrmechanismus handelt, der sie in immer gleicher Weise in immer demselben Problem verfangen sein ließ. Sonjas Mutter fürchtete unbewußt ihre eigenen Aggressionen und unterstellte sie deshalb ihrem geschiedenen Mann. Er aber sah angesichts seiner eigenen bedrohlichen Impulse solche bei seiner Frau. So kämpfte jeder gegen den anderen und gleichzeitig mit sich selbst. Sonja wurde dadurch zum Spielball für beide. Sie wurde gezwungen, ihre eigene Persönlichkeit aufzugeben und sich jeweils mit dem Elternteil zu identifizieren, der gerade Einfluß und Macht über sie ausübte.

Kein Abwehrmechanismus ist schwieriger aufzulösen als die Identifikation mit dem Aggressor. Kriege wurden deswegen geführt und Konflikte um Kinder bis an die Grenze des Ertragbaren dafür ausgefochten. Die zerstörerische Gewalt ist dabei schier unendlich.

Menschen, die sich in ausweglosen Konfliktsituationen verwik-
kelt sehen, greifen zumeist und zuerst auf frühkindliche Methoden zurück, Konflikte abzuwehren und der Angst auszuweichen.
Dies bedeutet der Begriff Regression. Man beobachtet oftmals
bei Erwachsenen, die lang und heftig miteinander im Streit leben,
Verhaltensmuster, die für die früheste Kindheit angepaßt und
entsprechend waren, die aber zumeist durch höher strukturierte
Verhaltensweisen und emotionale Reaktionen überlagert worden
sind. Durch enormen psychischen Druck oder auch durch krank-
hafte seelische Entwicklungen werden solche früheren, zumeist
infantilen Verhaltensmuster reaktiviert. »Unendliches Heulen
und Zähneknirschen«, Schreien und Wehklagen, aber auch
psychosomatische Störungen des Schlaf- und Wachrhythmus,
der Aufmerksamkeitsspanne und Vitalität, der Verdauung, Herztätigkeit und Atmung weisen darauf hin, daß hier nach Abwehr
von Ängsten und Gefahren gesucht wird, für die man anderswie
keinen Ausweg weiß. Auch Kinder reagieren in ähnlicher Weise.

Ein Beispiel:

> Es war bedrückend, mit ansehen zu müssen, wie Carolina
> zunehmend trauriger wurde, je mehr sich ihre Eltern strit-
> ten. Noch mit fünf Jahren war sie quicklebendig, ihre Spiel-
> freude war ungetrübt und die Gleichaltrigen hatten gerne
> Kontakt mit ihr. Allmählich wurde sie stiller, und es wurde
> stiller um sie herum. Ihre Sätze wurden kürzer und die
> Stimme leiser. Sie wirkte übermüdet und schwach.

> Schließlich stellte die Mutter Carolina einem Kinderpsycho-
> logen vor, weil zu alledem hinzukam, daß sie nachts ein-
> näßte. Die Mutter faßte dies als untrügliches Beweismittel
> dafür auf, daß der Einfluß des Vaters bei den vierzehntägi-
> gen Besuchen auf das Kind negativ ausfiel. Sie erwartete
> auch durch den Besuch beim Psychologen Schützenhilfe
> gegen ihren früheren Ehemann. Der beklagte sich wieder-
> um, daß Carolina gegen ihn aufgehetzt werde und daß ihm

nicht einmal vergönnt sei, einige wenige Stunden im Monat mit seinem Kind ungetrübt die Beziehung zu pflegen.

Es war nicht leicht, den Eltern klarzumachen, daß die Verhaltensweisen ihres Kindes logisch konsequent sind. Je mehr Spannung zwischen ihren Eltern wuchs, desto größer wurde ihre Angst und das Gefühl der Bedrohung; diese abzuwehren, brachte Carolina unbewußt dazu, in eine Regression zu flüchten und sich aus dem altersentsprechenden Entwicklungsniveau zurückzuziehen. Psychosomatische Störungen, Freudlosigkeit und Traurigkeit waren die Zeichen dafür.

Als die Eltern wieder ein Stück Gemeinsamkeit im Hinblick auf das, was für Carolina notwendig ist, entstehen ließen, entwickelte sich auch Carolinas Regression wieder zurück, sie wurde aktiver, freundlicher, ihre Stimme wurde fester, ihr Blick klarer und sie bekam wieder die Herrschaft über ihren Körper zurück.

Angesichts der zerstörerischen Macht, die Kinder oft bei einem lebensbedrohenden Streit der Eltern erleben, ist Abwehr durch Regression durchaus sinnvoll und oftmals nur die letzte Möglichkeit, am Leben zu bleiben. Sie hilft, ein gewisses inneres Gleichgewicht zu halten, auch wenn dadurch Anpassungen an die Außenwelt und Abwehr gegen die Innenwelt Schaden nehmen. Regressionsvorgänge haben zumeist nur kurze Wirkung. Bleiben allerdings Ängste, Enttäuschungen und Schockerlebnisse über längere Zeit aufrecht, so können Regressionen zum dauernden Bestandteil einer Persönlichkeit werden.

Vereinfachung

Die Fähigkeit, auch widersprüchliche Wahrnehmungen, Gefühle und Verhaltensweisen zu tolerieren, wenn dafür keine eindeutige Lösung in Sicht ist, gehört zu den Voraussetzungen für eine reife Persönlichkeit. Werden aber Widersprüche bei Wahrnehmungen, Gefühlen und Handlungen zu groß und verursachen sie übermäßige Angst, kann es zu einer sinnvollen Abwehr dadurch kommen, daß Unstimmigkeiten vereinfacht, Widersprüchliches oder Gegensätzliches nicht zugelassen und Zwiespältiges in vereinfachte rationelle Kategorien eingeordnet werden. Spannung, Angst und unangenehme Gefühle können dadurch verringert werden, obwohl dieser Abwehrmechanismus des Rationalisierens nur kurzfristig entlastet wird und keine dauerhafte Lösung bringt. Es kommt zu einer »Schwarz-Weiß-Malerei« von Gedanken, Gefühlen und Beobachtungen, wie folgendes Beispiel zeigt:

Frau Hagler schilderte ihren Mann, der sie verlassen hat, in rabenschwarzen Farben: Mit falschen Versprechungen habe er sie zu sich hinübergezogen, er habe Kind und Frau ausgebeutet und unterdrückt, jeder Tag war eine Qual, jedes Fest endete in Zerwürfnissen und jedes Geschenk war hinterlistig zum eigenen Vorteil benutzt. Auf die Frage nach den Anfängen der Bindung, nach heiteren Erlebnissen und schönen Gegebenheiten, zeigte sich Frau Hagler abwehrend. Alles kehrte sie auf die eingeschliffene Überlegung und auf deren Schluß zu, ihr Mann sei von Grund auf charakterlos, nichtsnutzig, verdiene keine menschenwürdige Behandlung.

Ihr Sohn Peter entwickelte bereits mit neun Jahren ein beachtliches Geschick, der Mutter gerade in diesen wichtigen Situationen nicht zu widersprechen, sonst hätte er nämlich manche Vorzüge und Zugeständnisse eingebüßt. So beteiligte er sich und erzählte, teilweise erfand er sogar allerlei Gegebenheiten und Ereignisse, die die Sicht seiner Mutter unterstützten. Gegenteilige Beobachtungen ließ sie nicht zu. Auf Drängen des Familienrichters war sie allerdings bereit, hinter einer Einwegscheibe zuerst kurze Zeit, dann für längere Zeit, den Vater im Kontakt mit seinem Sohn zu beobachten. Nach heftigen Gefühlsreaktionen und eklatanten Mißdeutungen von Verhaltensweisen und Zusammenhängen entwickelte sie etwas realistischere Einschätzungen und Beobachtungen. Schließlich kam sie dazu, auch wieder positivere Verhaltensweisen oder auch Einstellungen ihres früheren Ehemannes zu registrieren. Ziemlich lange war der Weg, bis sie auch Teile davon akzeptieren konnte. Genau den gleichen Prozeß machte ihr Sohn mit.

Die Toleranz und die Fähigkeit, unterschiedliche Beobachtungen, Gefühle und Gedanken auszuhalten, sind bei Eltern deutlich reduziert, die besonders heftig im Streit miteinander leben. Ähnliche Prozesse sind entsprechend auch bei deren Kindern zu beobachten. Die Wiederherstellung der Fähigkeit, bis zu einem gewissen Grad auch Widersprüchliches aushalten zu können, verlangt volles Training der Beobachtungsfähigkeit und einfühlsame Teilnahme an den angstauslösenden Emotionen, die den Abwehrvorgang in Gang gesetzt haben.

Verdrängung

Ähnlich ist es, wenn wichtige Erlebnisse, Beobachtungen und Verhaltensweisen vergessen werden. Ein solches künstliches oder motiviertes Vergessen entspricht einem weiteren Abwehrmechanismus; er verringert Spannung und Angst, indem Teile aus dem Bewußtsein verdrängt werden, die unangenehm und angstauslösend sind.

Dabei kommt es oft zu einem Umkehrvorgang. Eltern, die getrennt sind und um die Kinder streiten, verdrängen oftmals positive Erlebnisse und Beobachtungen, weil sie ansonsten entweder unsicher über ihre Entscheidungen werden oder aber dem früheren Partner Zugeständnisse machen müßten, zu denen sie nicht bereit sind. Sie vergessen positive Erfahrungen, wenn es zum Beispiel darum geht zu belegen, wie negativ oder feindselig der frühere Partner auf das gemeinsame Kind einwirkt.

Warum kein Kompromiß?

Streit und Konflikte innerhalb einer Partnerschaft sind oft deshalb so zermürbend und endlos, weil die Eltern zwar an ihr Kind denken, ihm schmerzliche Folgen einer Trennung ersparen wollen, im Grunde aber oftmals unbewußt um eigene Rechtfertigungen kämpfen; dabei machen sie sich selbst und oft auch ihr Kind krank. Kommt es zur dauernden Trennung der Eltern, sind die Folgen für das Kind oft schwerwiegend. Gibt es eine Methode, Konflikte bei der Trennung so zu lösen, daß die betroffenen Kinder und auch die Partner möglichst wenig psychische Schäden davontragen und einander möglichst geringes Leid zugefügt wird?

Im folgenden wird eine Phantasie beschrieben, die sich das Ziel einer angemessenen Konfliktbewältigung setzt, eine Methode, bei der Streit nicht zum Chaos, Auseinandersetzung nicht zur Zermürbung, und der Kampf nicht bis zum brutalen Triumph hingetrieben werden soll. Es ist eine Methode, in der Konflikte begrenzt, benannt und deren Wege abgeklärt werden. An deren Ende gibt es keinen Triumphator und keinen, der sich deprimiert zurückgelassen sieht. Es ist eine Art der Konfliktbewältigung, die man als Kompromißmethode kennzeichnen kann. Thomas *Gordon* berichtete in seinem Buch »Familienkonferenz« über die »Niederlagenlose Methode der Konfliktbewältigung«.

Sie soll dazu helfen, daß Konflikte innerhalb einer Partnerschaft und Familie angemessen bearbeitet und gelöst werden. Diese Methode soll verhindern, daß sich immer mehr Konfliktstoff aufbaut und immer weniger Gemeinsamkeit existiert. Was ist aber zu tun, wenn aus kleinen große Konflikte geworden sind, wenn zunächst begrenzter Streit endlos geworden ist, wenn die Trennung nicht mehr eine Gefahr in der Zukunft, sondern ein vollzogenes Faktum ist, wenn es um die Lösung von Gemeinsamkeiten geht und vor allem, wenn es um die Sorge und Pflege gemeinsamer Kinder geht? Vermutlich werden diejenigen, die

die Methode des Kompromisses am wenigsten gelernt haben, auch nicht diejenigen sein, die bei der Trennung kompromißbereit sind und dem Kindeswohl verständnisvolle Bereitschaft entgegenbringen. Wenn es um das Leben und das Wohl eines Kindes geht, sind für viele Eltern Kompromisse nicht mehr möglich. Schließlich betrachten sie ihr Kind als ihr Eigentum, in das sie viel investiert, von dem sie vieles erhoffen, und mit dem sie auch den ehemaligen Ehepartner strafen oder auch vor der sozialen Umwelt den Bruch der Ehe rechtfertigen können. Oft steht der, dem das Sorgerecht nicht zugesprochen wurde, alleine da. Er fühlt sich von vielen Erfahrungen abgeschnitten, es besteht wenig Hoffnung auf gemeinsame Erlebnisse mit dem Kind, und manche haben das Gefühl, daß sie von der sozialen und weiteren familiären Umwelt – nicht zuletzt auch vor sich selbst – als Verlierer dastehen. Wenn ein Kind in einem solchen Blickwinkel als das zweite Ich, das bessere und das hoffnungsvollere Selbst angesehen wird, dann ist der Streit wahrscheinlich unumgänglich und es kann kaum einen Sieger, nur Verlierer geben. Wenn es aber um das Kind selbst geht, das Anspruch darauf hat, seine eigene Individualität zu besitzen, die zu fördern und zu entwickeln sich die Eltern zur Aufgabe gemacht haben, dann müssen Kompromisse möglich sein, weil Problemstellungen beschreibbar, Kontakte und Bindungen konkretisierbar und Konflikte lösbar sind. Freilich gibt es auch Streit, dem mit Kompromissen nicht beizukommen ist, etwa wenn es um gröbliche Vernachlässigung eines Kindes geht, seelische oder körperliche Mißhandlung, schwere psychische Erkrankungen oder kriminelle Delikte. Dennoch zeigt die Erfahrung, daß Eltern, die die Methode des Kompromisses gelernt haben, sehr viel mehr Positives entwickeln, Stabiles ausbilden und günstigere Gefühle verbreiten als andere. Vielen ist eine solche Methode fremd. Da sie meist während ihrer eigenen Erziehung mit solchen Methoden nicht vertraut gemacht wurden, fällt es den meisten Eltern sehr schwer, etwas anzuwenden, das sie nicht gelernt haben. Es ist zu vermuten, daß die Methode des Kompromisses künftig bei sozialen, erzieherischen, zwischenmenschlichen Fragen immer mehr von Bedeutung sein wird. Sie sollte auch die Richtschnur sein, an der sich alle Beteiligten orientieren, die mit Scheidung und Trennung zu tun haben. Während sich diese Methode bei Erziehungsberatern, Familientherapeuten, Sozialarbeitern und Richtern weitgehend durchgesetzt hat, gibt es dennoch eine große Zahl schlechter Berater, die persönlichen und auch professionellen Nutzen daraus ziehen, Konflikte zu betreiben, Gemeinsamkeit zu zerstören und Kompromißfähigkeit zu verhindern. Gute Berater im Verlauf von Trennung und einer Sorgerechtsregelung sind solche, die die Kompromißmethode der Konfliktbewältigung erlernt und verinnerlicht haben.

Die sechs Schritte der Kompromißmethode

Schritt 1:
Den Konflikt benennen und begrenzen

Schritt 2:
Denkbare Lösungen ausfindig machen

Schritt 3:
Kritische Bewertung denkbarer Lösungen

Schritt 4:
Entscheidung für die beste der möglichen Lösungen

Schritt 5:
Wege zur Ausführung der Lösung

Schritt 6:
Feedback-Kontrolle

Schritt 1: Den Konflikt benennen und beschreiben

Obwohl es oftmals äußerlich eindeutig erscheint, worum es bei Konflikten zwischen getrenntlebenden Eheleuten geht, nämlich um das Recht der elterlichen Sorge oder um das Recht des Umgangs mit dem Kind, ergibt manchmal eine genauere Analyse, daß sich dahinter viele andere Motive und Konflikte verstecken können.

Drei unabhängige Beobachter haben an einer begrenzten Zahl komplizierter gerichtlicher Entscheidungsprozesse in bezug auf elterliche Sorge und Umgangsrecht die Motive bewertet, die nach begründbaren Analysen das Verhalten der Beteiligten geleitet haben.

Nach Häufigkeit ergaben sich folgende Motive:

1. Recht über das Kind bekommen, um das Recht zu legitimieren, die Ehe aufgelöst zu haben.
2. Den anderen bestrafen für viele Konflikte und die Trennung.
3. Die Angst, ohne den Halt durch das Kind das künftige Leben nicht zu meistern.
4. Sich selbst im Einfluß auf das Kind und seine Bedeutung für das Kind überschätzen (»Ohne mich geht es meinem Kind nicht gut«).
5. Rache, Haß und Verletzungsgefühle dem Partner gegenüber.
6. Die Besorgnis, dem Kind könnte beim anderen Elternteil Schaden in seelischer und körperlicher Hinsicht entstehen.
7. Soziale Scham (»Was denken die Leute, wenn mir das Kind nicht zugesprochen wird«).

Ein Verständnis über solche Motive und die Abklärung des dementsprechenden Konfliktfeldes gelingen nicht immer, doch ist es nötig für das Gelingen einer tragfähigen Lösung.

Es wäre oftmals sehr viel Zeit notwendig, sehr viel Ruhe angebracht, es wären lange und ausführliche Gespräche angezeigt, um in der Beschreibung und Begrenzung des Konfliktes Fortschritte zu erzielen. Leider steht dem oft entgegen, daß Eltern das Gefühl haben, ihnen laufe die Zeit davon, wenn etwa das Kind beim anderen Elternteil ist, oder es vergehe zu lange Zeit, in der der Getrenntlebende keinen Kontakt mit seinem Kind halten kann usw.

Diese begründeten Ängste sind es dann auch oft, die schon den ersten Schritt der Konfliktbewältigung erschweren oder im Ansatz ersticken lassen.

Ein Beispiel für einen positiven Ansatz von Konfliktbewältigung soll hier aufgeführt werden:

> Frau und Herr Gröller werden sich nicht einig, wie der Kontakt ihres gemeinsamen Kindes Jochen mit beiden Eltern ausgeübt werden solle. Nachdem mehrere Kontakte durchaus gut verlaufen waren, unterbrach die Mutter die Kontakte des Kindes mit dem Vater. Er wandte sich wütend an das Familiengericht und erwartete Unterstützung und pochte auf sein Recht. Die Mutter wiederum beauftragte einen Rechtsanwalt, und der Streit begann, Mißverständnisse häuften sich und die seltenen Besuchskontakte, die dann doch zustandekamen, wurden für das Kind immer beunruhigender und belastender. Schließlich gab der Rechtsanwalt der Mutter den Rat, mit Hilfe eines Kinderpsychologen und Familienberaters eine Lösung für die anstehenden Probleme abseits von Gericht und Rechtsstreitigkeit zu suchen. Auch der Vater willigte – wenn auch mit Skepsis – in diesen Versuch ein. In einem vierstündigen Gespräch, das sowohl mit großen Emotionen als auch mit langen Passagen ruhigen Zuhörens verbunden war, kamen die beiden Eltern immer mehr dazu, das Konfliktfeld einzugrenzen, zu definieren und zu beschreiben. Schließlich fanden sie auch zu einer gemeinsamen Zielbeschreibung. Worum es ihnen ginge, sei, daß Jochen so viel von der Beziehung zu seinen Eltern haben sollte, wie er brauche: Er selbst solle die Beziehungen frei und unabhängig gestalten können. Die Eltern müßten aus ihrer Verantwortung so viel Gemeinsamkeit zeigen, wie für das Kind notwendig ist, damit es sich entwikkeln und die Beziehungen zu beiden Eltern halten könne.

Welche Elemente sind für eine positive Konfliktbewältigung erforderlich?

Zeit

Alle Beteiligten brauchen Zeit zum Sprechen, zum Hinhören, zum Austausch von Informationen; alle sollen sich darum bemühen, Mißverständnisse abzuklären und sich auch um die Gefühle des jeweils anderen kümmern.

Verbale Verläßlichkeit

Es ist besser, klar und präzise zu sagen, daß man im Streit ist, und daß es einen Konflikt gibt, als »um den heißen Brei herumzureden«. Dazu gehören Mut und auch Übung. Ausflüchte, Beschwichtigungen und Verharmlosungen sind schlechte Ratgeber bei einer echten Problemlösung.

Echtheit von Gefühlen

Wenn Eltern in Konfliktgesprächen weniger davon reden würden, welche Fehler jeweils der andere macht und wie recht sie selbst hätten, das Verhalten und die Einstellung des anderen zu kritisieren, sondern vielmehr davon sprechen würden, was sie selbst bewegt, welche Gefühle, Ängste und Empfindungen sie haben, dann kämen die Konflikte sehr schnell zu einem greifbaren Ergebnis und zu einem guten Kompromiß. Dies zeigt die Erfahrung langer Gespräche zwischen zerstrittenen Ehepaaren. Eine wesentliche Rolle spielt dabei, daß auch Gefühle der Besorgnis, Ängste, Kümmernisse, Niedergeschlagenheit und Bedrücktheit geäußert werden. Zu solchen Gefühlen einen Standpunkt zu finden, ist besonders in Situationen notwendig, wo von einem gefordert wird, Stärke zu zeigen. Wer aber Gefühle zugeben kann, wer sich auch Schwäche eingestehen kann, wer zu seinen Ängsten in Beziehung treten kann, ist innerlich oftmals sehr stark. Wer allerdings einem Phantom von Stärke nachjagt und sich selbst damit unter Druck setzt, ist oftmals unfrei und erschwert gelungene Lösungen.

Respekt und Anstand

Beobachtet man Gespräche zwischen Eheleuten im Streit unter dem Gesichtspunkt, ab welchem Zeitpunkt und bei welchem

Inhalt der gemeinsame Faden reißt, kommt man zu folgendem Ergebnis:

Es sind meist respektlose, herabwürdigende und verletzende Botschaften an den Kern der anderen Person. Beschuldigungen, die die persönliche Sphäre betreffen, führen zu Verkrampfung, Verhärtung und provozieren aggressive Gefühle. Wer gute Lösungen sucht, sollte sich vor derlei Äußerungen in acht nehmen. Tiefsitzende Beschuldigungssysteme, unbewußte Anklagen und nichtsprachliche Rechtfertigungsversuche sind nicht ohne weiteres zu korrigieren. Übung ist notwendig und oftmals auch die Hilfe fachkundiger Berater.

Den anderen leben lassen

Wie schwerwiegend Konflikte auch sein mögen, es sollte in jeder Situation jeweils der Gesprächs- und Konfliktpartner erkennen können, daß man auf der Suche nach einer für beide Seiten annehmbaren Lösung ist, einer Lösung, mit der alle leben können, bei der keiner unterliegt und bei der die Bedürfnisse und Besorgnisse beider Seiten berücksichtigt sind. Es ist sehr entscheidend, daß dieses Leitziel aufrichtig und mit entsprechendem Ernst dem Konfliktpartner vermittelt wird. Ist dieser Schritt getan, besteht gute Aussicht, daß sich diese Methode auch bewährt.

Schritt 2: Denkbare Lösungen ausfindig machen

Wir geben oftmals auf falsche Probleme auch falsche Antworten. Sie sind das Resultat langer Erfahrungen, die zu unbewußt gesteuerten Gewohnheiten geführt haben und sind immer wieder Voraussetzung für ineffektive und untaugliche Lösungsversuche. Neue Ideen, Alternativen zum Gewohnten, denkbare neuartige Lösungen müssen erst spielerisch, unbelastet von Bewertungen aufgeworfen werden. So wie das Spiel schöpferische Kräfte freimacht, so ermöglicht auch diese Art einen spielerischen Rückzug auf die Vielfalt von Lösungsmöglichkeiten und Freiraum für ganz neue und vielleicht gelungenere Lösungen. Die Suche nach neuen Antwortmöglichkeiten für Konflikte regt die Phantasie an, bringt spontane Gefühle hervor, erzeugt bisweilen Humor und eröffnet dem Bewußtsein völlig neue Energien.

Schritt 3: Kritische Bewertung

Erst zu diesem Zeitpunkt können unterschiedliche Denkmodelle und Lösungsansätze kritisch bewertet werden. Subjektive Einschätzungen, allgemeine Erfahrungen oder auch objektive Situationen spielen hier eine große Rolle. Besonders gut eignet sich hier die Methode des Diskurses, Vorschläge miteinander kritisch zu vergleichen und innerhalb eines Prozesses des gemeinsamen Suchens eine Lösung ausfindig zu machen, die der Sache entspricht und nicht dem Siegeswillen eines einzelnen. Solche Methoden kritischer Diskussion sind für viele Menschen gänzlich ungewohnt und müssen erst langsam erlernt und ihre Anwendung erprobt werden. Menschen, die viel streiten, haben zumeist auch rigide Denkmuster, beurteilen unterschiedliche Situationen sehr kategorisch und sind selten zu emotionalen Differenzierungen fähig. Wer aber in den genannten Punkten bereit ist dazuzulernen, wird entsprechende Erfolge mit Gewinn annehmen.

Schritt 4: Entscheidung

Eltern, die lange Zeit nach der Trennung von dem Partner um die elterliche Sorge oder den Kontakt zum Kind kämpfen, haben zumeist wichtige Entscheidungen hinsichtlich ihrer Partnerschaft oder Ehe innerlich nicht getroffen, vollzogen, verkraftet oder überhaupt nicht gewollt. Wenn eine emotionale Entscheidung nicht gelingt, sind auch damit zusammenhängende Fragen in Mitleidenschaft gezogen, besonders Fragen um die elterliche Sorge oder den Kontakt der Kinder mit beiden Eltern. Wer sich emotional nicht entschieden hat, sich zu trennen oder eine Beziehung zu beenden, der wird auch andere Fragen, zum Beispiel finanzielle oder wirtschaftliche, nicht lösen können.

Auch die Fähigkeit, Entscheidungen zu treffen, ist erlernbar, bedarf des Trainings und ist hilfreich zur Bewältigung unterschiedlicher Konfliktsituationen.

Sich für die beste Lösung zu entscheiden, ist nicht mehr so schwierig, wenn die vorangegangenen Schritte absolviert worden sind. Häufig aber können schwerwiegende Entscheidungen betroffene Partner allein nicht lösen. In solchen Fällen ist es sinnvoll, wenn jemand mit entsprechender Kompetenz hilft, entscheidende Fragen zu lösen. Solche Entscheidungssicherheit wird etwa durch Gerichtsurteile möglich; fachkundiger Rat oder psychologischer Sachverstand können wertvolle Entscheidungshilfen sein. Von der Klarheit und Präzision getroffener Entscheidungen hängt es ab, wie die daraus abgeleiteten Folgen akzeptiert werden oder ob sie neue Unsicherheit hervorrufen.

Schritt 5: Verpflichtungen und Verteilung von Aufgaben

Ist eine Entscheidung getroffen, besteht die Notwendigkeit festzulegen, wer unter welchen Bedingungen die Entscheidung auszuführen hat. Besonders bei Fragen der elterlichen Sorge, der Unterbringung der Kinder oder des Kontaktes der Kinder mit ihren Eltern empfiehlt es sich vor allem dann, wenn die Beziehung sehr gespannt ist, möglichst genau festzulegen, wer was unter welchen Bedingungen zu erbringen hat. Dies ist auch der Sinn von Umgangsrechtsregelungen, die notwendig sind, wenn die Konflikte ansonsten ins Uferlose abgleiten, die aber nicht notwendig sind, wenn sich die Betroffenen einvernehmlich für offene Lösungsmöglichkeiten entscheiden können.

Schritt 6: Feedback

Während oftmals bei erzieherischen und auch anderen Entscheidungen recht viel Zeit darauf verwendet wird, Argumente abzuwägen und verschiedene Vorgehensweisen zu planen, wird häufig vernachlässigt, Entscheidungen im nachhinein bezüglich ihrer Wirkungen zu bewerten. Die Reflexion von Entscheidungen und Handlungsvollzügen ist genauso wichtig wie die sorgfältige Planung solcher Entscheidungen. Die Reflexion des Geschehens, die Rückbeziehung von Erlebnissen und Erfahrungen auf frühere Schritte wirkt sich auch bei Fragen der elterlichen Sorge und im Kontakt der Kinder zu ihren Eltern aus.

Beispiel:

> Frau und Herr Löffel einigten sich zusammen mit ihren Rechtsanwälten auf eine Neuregelung der Besuchskontakte. Sie einigten sich, weil zuviel Konfliktstoff zwischen beiden Partnern vorhanden war, zumindest darauf, daß sie jeweils nur für drei Monate Lösungen finden wollten, die sie nach diesem Zeitraum kritisch miteinander bewerten wollten. Jeweils nach drei Monaten setzten sie sich tatsächlich immer wieder zusammen und tauschten die einzelnen Erfahrungen aus, bewerteten diese kritisch und entwickelten daraus neue Perspektiven und Lösungen für jeweils befristete Zeiträume.

> So konnten sie Schritt für Schritt ein Stück des größeren Konfliktfeldes konstruktiv bearbeiten, kamen immer mehr zu für beide Seiten akzeptablen Lösungen und konnten sich schließlich auf Modelle für größere Zeiträume und für offenere Lösungen entscheiden.

Solche Konfliktlösungsprozeduren sind aufwendig. Es gibt deshalb auch zahlreiche Einwände dagegen. Optimisten überschätzen ihre Wirksamkeit, Pessimisten unterschätzen ihre Möglichkeiten. Es lohnt sich jedoch hinzuzulernen, wie besser mit Konflikten umzugehen ist. Das Gesagte läßt sich auch mit einem chinesischen Sprichwort verdeutlichen:

»Gib einem Hungernden einen Fisch, so wird er einen Tag lang keinen Hunger haben, gib ihm sieben Fische, so wird er einige Wochen lang ohne Hunger sein. Lehre ihn fischen, und er wird sein ganzes Leben lang nicht mehr hungern.«

Juristische Hinweise

Eine von Rechts wegen zustande gekommene Ehe muß auch rechtlich wieder getrennt werden, wenn sie gescheitert ist. Der Weg zum Familiengericht ist allerdings für viele Eltern mit Ängsten und Anspannungen verbunden. Zahlreiche Erwachsene greifen in dieser Situation auf die Unterstützung eines Rechtsanwaltes zurück und es beginnt ein langwieriger Weg. In diesem Zusammenhang sind auch Regelungen zum Recht der elterlichen Sorge über die Kinder einer Partnerschaft vom Familiengericht zu treffen. So werden Menschen in die Situation versetzt, über andere und das Wohl von Kindern Recht zu sprechen. Was erfordert eine derartige Situation von den Beteiligten, welche rechtlichen Bestimmungen bilden die Grundlage und wie können entsprechende Entscheidungsprozesse zustande kommen sowie begründet und tragfähig gemacht werden?

Rechtliche Grundlagen des Sorgerechts

Das Bürgerliche Gesetzbuch (BGB) nimmt das Wohl des Kindes als Maßstab für die gemeinsame elterliche Rechtsausübung und dementsprechend auch für die Regelung nach der Scheidung (§ 1627, 1632 Abs. 2; 1634 und 1673).

Welch hoher Stellenwert das Wohl des Kindes einnimmt, wird durch § 1627 deutlich:

§ 1627. [Ausübung der elterlichen Sorge] Die Eltern haben die elterliche Sorge in eigener Verantwortung und in gegenseitigem Einvernehmen zum Wohle des Kindes auszuüben. Bei Meinungsverschiedenheiten müssen sie versuchen, sich zu einigen.

Für die Rechte innerhalb der elterlichen Sorge ist § 1632 1 und 2 von Bedeutung:

(1) Die Personensorge umfaßt das Recht, die Herausgabe des Kindes von jedem zu verlangen, der es den Eltern oder einem Elternteil widerrechtlich vorenthält.

(2) Die Personensorge umfaßt ferner das Recht, den Umgang des Kindes auch mit Wirkung für und gegen Dritte zu bestimmen.

Für Eltern, die getrennt leben, ist das Recht zum persönlichen Umgang mit dem Kind durch den § 1634 geregelt:

§ 1634. [Recht zum persönlichen Umgang mit dem Kind; Auskunft] (1) Ein Elternteil, dem die Personensorge nicht zusteht, behält die Befugnis zum persönlichen Umgang mit dem Kinde. Der Elternteil, dem die Personensorge nicht zusteht, und der Personensorgeberechtigte haben alles zu unterlassen, was das Verhältnis des Kindes zum anderen beeinträchtigt oder die Erziehung erschwert.

(2) Das Familiengericht kann über den Umfang der Befugnis entscheiden und ihre Ausübung, auch gegenüber Dritten, näher regeln; soweit es keine Bestimmung trifft, übt während der Dauer des Umgangs der nicht personensorgeberechtigte Elternteil das Recht nach § 1632 Abs. 2 aus. Das Familiengericht kann die Befugnis einschränken oder ausschließen, wenn dies zum Wohle des Kindes erforderlich ist.

(3) Ein Elternteil, dem die Personensorge nicht zusteht, kann bei berechtigtem Interesse vom Personensorgeberechtigten Auskunft über die persönlichen Verhältnisse des Kindes verlangen, soweit ihre Erteilung mit dem Wohle des Kindes vereinbar ist. Über Streitigkeiten, die das Recht auf Auskunft betreffen, entscheidet das Vormundschaftsgericht.

(4) Steht beiden Eltern die Personensorge zu und leben sie nicht nur vorübergehend getrennt, so gelten die vorstehenden Vorschriften entsprechend.

Schließlich werden die gesetzlichen Grundlagen zur Regelung der elterlichen Sorge angeführt. Sie sind in den §§ 1671 und 1672 festgelegt:

§ 1671. [Elterliche Sorge nach Scheidung der Eltern] (1) Wird die Ehe der Eltern geschieden, so bestimmt das Familiengericht, welchem Elternteil die elterliche Sorge für ein gemeinschaftliches Kind zustehen soll.

(2) Das Gericht trifft die Regelung, die dem Wohle des Kindes am besten entspricht; hierbei sind die Bindungen des Kindes, insbesondere an seine Eltern und Geschwister, zu berücksichtigen.

(3) Von einem übereinstimmenden Vorschlag der Eltern soll das Gericht nur abweichen, wenn dies zum Wohle des Kindes erforderlich ist. Macht ein Kind, welches das vierzehnte Lebensjahr vollendet hat, einen abweichenden Vorschlag, so entscheidet das Gericht nach Absatz 2.

(4) *Die elterliche Sorge ist einem Elternteil allein zu übertragen.* Erfordern es die Vermögensinteressen des Kindes, so kann die Vermögenssorge ganz oder teilweise dem anderen Elternteil übertragen werden.

(5) Das Gericht kann die Personensorge und die Vermögenssorge einem Vormund oder Pfleger übertragen, wenn dies erforderlich ist, um eine Gefahr für das Wohl des Kindes abzuwenden. Es soll dem Kind für die Geltendmachung von Unterhaltsansprüchen einen Pfleger bestellen, wenn dies zum Wohle des Kindes erforderlich ist.

(6) Die vorstehenden Vorschriften gelten entsprechend, wenn die Ehe der Eltern für nichtig erklärt worden ist.

§ 1672. [Elterliche Sorge bei Getrenntleben der Eltern] Leben die Eltern nicht nur vorübergehend getrennt, so gilt § 1671 Abs. 1 bis 5 entsprechend. Das Gericht entscheidet auf Antrag eines Elternteils; es entscheidet von Amts wegen, wenn andernfalls das Wohl des Kindes gefährdet wäre und die Eltern nicht gewillt oder nicht in der Lage sind, die Gefahr abzuwenden.

Ähnliche Bestimmungen gelten auch in den anderen deutschsprachigen Ländern. Für Österreich gilt das Allgemeine Bürgerliche Gesetzbuch (ABGB) § 142. In der Schweiz ist in Artikel 156 des Schweizerischen Zivilgesetzbuches die Regelung über das Recht der elterlichen Sorge und den Kontakt der Kinder zu ihren Eltern enthalten.

Zufriedenheit mit richterlichen Entscheidungen

Die Eltern der empirischen Studie wurden auch über ihre Erfahrungen mit richterlichen Entscheidungen zum Sorgerecht und den Umgang der Kinder zu ihren Eltern befragt. Es waren 135 Eltern in die Auswertung einbezogen worden.

Die Ergebnisse werden in der folgenden Tabelle dargestellt:

Zufriedenheit über die richterliche Entscheidung

	Angaben	in Prozent
Zufrieden	60	69,8
Unzufrieden	21	24,4
Keine Angaben	5	5,8
Insgesamt:	86	100,0
Angaben verweigert	49	

Sehr hoch ist die Zahl derer, die mit der richterlichen Entscheidung zufrieden waren. Demgegenüber zeigt sich etwa jeder Vierte mit der Entscheidung unzufrieden. Beide Zahlen müssen in Verbindung mit der Zahl gebracht werden, die sich an der Untersuchung nicht beteiligen wollten. Die Daten zeigen, daß sehr viele nicht bereit waren, ihre Unzufriedenheit zu äußern, und daß in der Erhebung lediglich solche Personen einbezogen wurden, die die Frage der elterlichen Sorge über ihre Kinder deutlich unter den Gesichtspunkten »Sieg und Niederlage«, »Macht und Ohnmacht«, gesehen haben müssen. Die untersuchten Personen wurden auch um Begründungen für ihre Einschätzung gebeten. Dabei kommt mehrmals deutlich zum Ausdruck, daß man sich der Kinder wegen entschieden habe, für das Sorgerecht bei Gericht zu kämpfen, und daß man gar nicht anders hätte reagieren können, weil man sich dem Kindeswohl verpflichtet fühlte.

Schließlich wurde daraufhin die Frage vorgelegt, wie man mit der richterlichen Entscheidung, die ja zumeist Monate und einige Jahre zurückliegt, jetzt zufrieden sei. Beachtliche Änderungen entstanden, wie folgende Tabelle zeigt:

Zufriedenheit über die richterliche Entscheidung zum jetzigen Zeitpunkt

	Angaben	in Prozent
Zufrieden	49	56,9
Unzufrieden	35	40,7
Keine Angaben	2	2,4
Insgesamt:	86	100,0

Die Zahl derer, die mit der damaligen Sorgerechtsentscheidung zufrieden waren, ist dabei deutlich zurückgegangen. Umgekehrt stieg die Zahl der Unzufriedenen. Als Gründe werden dafür genannt: die Verweigerung des Besuchsrechts, Schwierigkeiten in den Kontakten und Beziehungen zu dem Kind, eine neue Partnerschaft u. a. Einige klagen auch darüber, daß sie entgegen ihren Erwartungen den Eindruck gewonnen haben, daß das Erziehungsrecht zur Machtausübung degeneriert sei und über das Recht der elterlichen Sorge sogar Rache am früheren Partner geübt werden. Einige geben auch an, daß die Kinder Ruhe bräuchten, und daß das ständige Hin und Her durch die Besuche beim getrenntlebenden Vater oder bei der Mutter nur Unruhe und Störung in das neue Familienleben hineintragen würde.

Die gewonnenen Daten geben einen deutlichen Hinweis darauf, daß gerade die Zeit nach der richterlichen Entscheidung eine sehr kritische Zeit ist, bei der sich manche Fehlentwicklungen einstellen und oftmals Hilfen fehlen, solche zu korrigieren.

Fragestellungen an sachverständige Psychologen

Wie in anderen Gebieten auch greift der Familienrichter auf das Urteil eines Sachverständigen zurück, wenn er selbst die Fachkenntnisse nicht besitzt, solche aber bei der Entscheidung über einen Rechtsstreit notwendig sind. Welche Hilfen kann die Psychologie anbieten, wenn zu klären ist, welche Bindungen zwischen Kindern und leiblichen Eltern stärker und tragfähiger sind. Nicht selten entscheidet der Familienrichter, daß durch einen psychologischen Sachverständigen geklärt werden soll, in welcher Weise dem Wohl eines Kindes am besten gedient werden könne.

Die Analyse von 120 fachpsychologischen Gutachten über einen Zeitraum von sechs Jahren zeigt folgende Verteilung gutachterlicher Fragen:

Fragen an den psychologischen Sachverständigen

	Anzahl	in Prozent
Bindung der Kinder an ihre Eltern	45	37,5
Erziehungsfähigkeit der Eltern	12	10,0
Innerfamiliäre Beziehungen	23	19,2
Eventuelle Gefährdung des Kindeswohls durch Umgang und Kontakt	24	20,0
Psychologische Analyse von Kinderaussagen	16	13,3
Insgesamt	120	100,0

Die Auswertung zeigt, daß die weitaus meisten gutachtlichen Fragen sich auf die Bindung der Kinder an ihre Eltern beziehen (37,5 %). Häufig werden auch Fragen gestellt, die auf eventuelle Gefährdungen des Kindeswohls durch den Umgang und den Kontakt mit dem getrenntlebenden Elternteil zielen.

Etwas geringer ist die Zahl spezieller Fragestellungen, wie etwa die nach der psychologischen Analyse von Kinderaussagen; dabei handelt es sich zumeist um Schilderungen von Kindern, die vor dem Familienrichter gemacht worden sind und einer eingehenden psychologischen Untersuchung unterzogen werden sollen. In 10 % der untersuchten Fälle stehen Fragen nach der Erziehungsfähigkeit der Eltern im Vordergrund. Hier handelt es sich zumeist um die Klärung von Vorwürfen, Bedenken oder Risikoabschätzungen in bezug auf psychische Erkrankungen, Abhängigkeit von Suchtmitteln oder Kriminalität.

Alle diese Fragen beziehen sich auf das Wohl des Kindes, und wie es am besten gewährleistet sein kann. Was verbirgt sich hinter diesen teils offenen, teils konkreten, teils juristischen, teils psychologischen Begriffen?

Der Begriff »Kindeswohl«

Entrüstung und Verachtung sind angebracht, wenn Kinder mißhandelt, psychisch und physisch geschädigt oder ihre Grundansprüche an das Leben, an die Gesundheit mißachtet werden. Fast allen Kulturen und Gesellschaften ist gemeinsam, daß Kindern Gewalt anzutun als besonders verabscheuungswürdig gilt. Unbestritten und von allen juristischen Auffassungen abgesichert ist, daß das Kindeswohl als oberstes Ziel zu gelten hat, wenn Fragen im Zusammenhang der Trennung und Scheidung der Eltern behandelt werden. Dieses durchaus humanitäre Ziel ist eine recht junge moralische und ethische Zielvorstellung. Das Eingehen auf die Lebensinteressen von Kindern war vor dem 18. Jahrhundert ganz unüblich und wird erst für das 19. Jahrhundert bestimmend für die Haltung der Erwachsenen gegenüber ihren Kindern (*Mause,* 1979; *Aries,* 1981).

Die Entwicklungspsychologie hat seit ihrem Entstehen als wissenschaftliche Disziplin in weniger als 100 Jahren immer wieder darauf aufmerksam gemacht, daß die Entwicklung des Kindes

136

nicht stetig linear verläuft, sondern daß kritische oder sensible Phasen mit Entwicklungsabschnitten relativer Kontinuität wechseln (*Leinhofer,* 1985).

Einfühlsames und stützendes erzieherisches Verhalten ermöglicht eher eine positive Entwicklung des heranwachsenden Kindes als Überstrenge und von negativen Emotionen geprägte Erwachseneneinstellung.

Es entspricht neuerer psychologischer und eben auch juristischer Tradition, daß das oberste Ziel des Kindeswohls leibliches, seelisches und soziales Wohlbefinden einschließt.

Der Begriff »Kindeswohl« wird vielschichtig verwendet und zeigt dialektische Spannungsfelder auf. Einerseits ist er der rechtliche Oberbegriff, andererseits meint er psychologische Inhalte. Er zeigt unbestritten den zentralen Ansatz aller erzieherischen und juristischen Entscheidungen, ist aber auch nach allen Seiten offen und entspricht einer sehr allgemeinen Zielsetzung. Ein weiteres Spannungsfeld liegt darin, daß er zwar oftmals von außen her zu beurteilen ist, im eigentlichen Sinne aber allein subjektiv bestimmbar ist, denn wenn das Kind sich wohl fühlt, dann ist dies im Prinzip von außen her nicht zu dementieren oder zu korrigieren. Die Vielschichtigkeit des Begriffes wird zwar negativ bewertet, weist aber auch auf weitreichende positive Möglichkeiten hin. Die Weite des Begriffes provoziert die Forschungsbemühungen in der Art des Suchens, des Analysierens von Zusammenhängen und Aufdeckens von Widersprüchen, kommt den prozeßgeleiteten Denk- und Entscheidungsformen und Legitimationsprozeduren nahe. Dies bringt uns zu der Frage, wie Ziele jeweils abgeleitet und legitimierbar sind.

Was für das Kindeswohl gehalten wird, wird oft schnell zum Kindesweh. Mißverständnisse und sogar Verkehrungen ins Gegenteil können sich auch dann einstellen, wenn allgemein verbindliche Zielvorstellungen nicht verständlich und begründbar in einzelne Teilziele aufgegliedert werden.

Bei Fragen im Zusammenhang der Trennung und Scheidung der

Eltern ist unbestritten und durch das Recht gesichert, daß das Kindeswohl als oberstes Ziel zu gelten hat. Fragt man Eltern, was sie unter dem Kindeswohl verstehen, kommen Antworten wie: daß das Kind gesund sei, daß es versorgt wird, daß es nicht seelisch leiden muß, daß es sich wohlfühlt und seine Entwicklung gesichert ist.

Allgemeine Ziele, Leit- und Richtziele haben gemeinsam, daß die Ableitung von allgemeineren zu jeweils konkreteren Zielen mit sehr vielen Schwierigkeiten verbunden und niemals ganz eindeutig ist. Es mischen sich häufig eine Reihe subjektiver Erfahrungen und Einstellungen ein, wenn die Frage nach dem Kindeswohl beurteilt werden soll. Eltern, die sich darüber streiten, wer über die Kinder nach der Trennung die elterliche Sorge ausüben soll und in welchem Umfang der Kontakt und die Bindung zum leiblichen Kind gepflegt werden soll, gehen von eigenen Erfahrungen und Besorgnissen aus und neigen dazu, die eigene Situation für sich als gültig und günstig zu erklären, während die jeweils andere Sichtweise als zunächst nicht akzeptabel und dem Kindeswohl nicht entsprechend angesehen wird. Manchen Eltern gelingt es, im Austausch von Meinungen und Gedanken auf der Grundlage menschlichen Respekts und der Toleranz vor dem Erfahrungsbereich des anderen und unter Rückbezug auf die Subjektivität eigener Urteile und Handlungsweisen Einigkeit in bezug auf das herzustellen, was Kinder während der Trennung und nachher brauchen und was für ihr Wohl richtig und wichtig ist. Häufiger jedoch ist es der Fall, daß die Eltern um das Recht der elterlichen Sorge über ihre Kinder streiten, diesbezügliche Konflikte vor dem Gericht austragen und dazu auch verwandtschaftliche Bindungen und freundschaftliche Beziehungen benutzen. Manche versuchen auch, juristische, pädagogische oder psychologische Fachleute in den Konflikt hineinzuziehen und für die eigenen Interessen nutzbar zu machen. Um möglichst geringen Schaden für die Betroffenen selbst und das Wohl der Kinder entstehen zu lassen, ist es für Eltern, Erzieher, Ratgeber und Juristen deshalb wichtig, Hintergründen und Analysen solcher Konflikte und Konfliktmechanismen nachzugehen. Besonders hilfreich ist dabei, sich über grundlegende Werte und Normen zu verständigen, die Entscheidungen zugrunde gelegt werden sollen.

Unbestritten gilt als oberstes Ziel, daß das Kindeswohl im Zentrum aller Entscheidungen stehen soll. Hiervon ableitbar ist das Richtziel, nach dem jedes Kind ein Recht auf Erziehung zur leiblichen, seelischen und gesellschaftlichen Tüchtigkeit bekommt (vgl. Jugendwohlfahrtsgesetz § 1 – Jugendrecht 1976). Daraus abzuleiten sind drei Richtziele, die persönliches Glück, Menschlichkeit und Ichkompetenz ausdrücken können. Weitere Konkretisierungen können etwa dadurch erfolgen, daß zu prüfen ist, inwieweit Rationalität, Soziabilität, Emotionalität und die Ausbildung von Fertigkeiten jeweils gesichert ist.

Systematische Ableitungen solcher Ziele im Rahmen vergleichender und systematischer Sozialerziehung liegen nicht vor. Durch ständig sich ändernde gesellschaftliche Prozesse und dementsprechende Änderungen in eine jeweilige Erziehungsstruktur sind die jeweiligen Konkretisierungen niemals verbindlicher Natur, sondern als Beispiele für mögliche Abläufe und Ableitungen zu bezeichnen. Erst auf der Grundlage solcher Präzisierungen erscheint es möglich, daß dementsprechend der Schluß gezogen wird, unter welchen Bedingungen die günstigste Entwicklung eines Kindes am ehesten zu gewährleisten ist. Erfahrungen zeigen, daß die Diskussion über die Ziele zur Umsetzung jeweils allgemeiner Zielvorstellungen einen günstigen Einstieg gibt, diskursive Verfahren zur Entscheidungsfindung zu ermöglichen. Soweit solche Ziele auch klar und konkret definiert werden können, ist eine leichtere Vergleichbarkeit oder auch Überprüfbarkeit möglich und entzieht Vorverurteilungen und entstellenden Schlußfolgerungen den Boden.

Der Versuch, Ziele jeweils zu begründen und schlüssig voneinander abzuleiten, kann verhindern, daß es zu Fehlschlüssen kommt und ermöglicht, daß negative Leitsätze nicht nur entdeckt, sondern auch korrigiert werden können. Gerade bei Eltern, die im

Streit miteinander um das Sorgerecht ihrer Kinder sind, sind häufig Ziele wirksam, die zwar zumeist nicht bewußt, zumindest nicht ausgesprochen, am Werk sind und zu zahlreichen zusätzlichen Problemen führen können.

Beispiele solcher negativer Sätze sind

>Ohne mich kein Heil«

>Ich bin der bessere Richter«

>Wer nicht hören will, muß fühlen«

>Wer zahlt, schafft an«

>Ich werde es dir schon zeigen!«

>Ohne Kind gehe ich kaputt«

>Er hat sein Recht verspielt«

>Der Fehler liegt immer nur beim anderen«

>Kinder gehören zur Mutter«

>Auch Väter haben ein Recht auf Kinder«

Erst im Gespräch über Ziele und deren Ableitungen können derlei Negativziele analysiert, entschlüsselt und ihrer Nähe dieser Wirkung entzogen werden.

Die systemische Denkweise hilft neuerdings, die Vorgehensweise zu verstehen, die bei der Konkretisierung dessen, was das Kindeswohl im einzelnen bedeutet, erforderlich ist. Im Sinne eines stabilen Gleichgewichts sollte jener entscheidungsbedeutsame Punkt gefunden werden, mit dem jeder – so gut es geht – zufrieden sein kann. Das bedeutet, daß jeder sein Recht gewahrt sieht, seine Pflichten erkennt und seine Gefühle berücksichtigt und ernstgenommen sieht.

Die Konkretisierung des Kindeswohls ist gelungen, wenn ein stabiler Gleichgewichtszustand gefunden ist, der Entscheidungsfestigkeit und Handlungssicherheit für einen größeren Zeitraum ermöglicht. In solchen Fällen ist nicht nur das Wohl des Kindes gesichert, sondern auch das der Eltern, das heißt der Familie als Ganzes.

Die systemische Denkweise verhilft demnach dazu, daß die Entscheidungen von denen getroffen werden, die sie vertreten müssen; die Wege, die sonst zur Entfremdung führen müssen, werden vermieden, Ichkompetenz und Selbstzufriedenheit aller Beteiligten können wachsen.

Analyse von Bindungen zwischen Eltern und Kindern

Bindungssicherheit, Bindungsdauer und Bindungsrichtung spielen eine große Rolle, wenn es um Fragen der elterlichen Sorge und den Kontakt der Kinder zu ihren Eltern geht. Viel Streit ist über diese Begriffe ausgebrochen, wissenschaftlich eindeutige Befunde fehlen hierzu. Dennoch gibt es eine Reihe von Hinweisen, die diese schwierige Frage klären helfen; sie ist schließlich für das Wohl eines Kindes von großer Bedeutung.

Bindung meint zuerst die subjektive, psychisch als stabil erlebte Beziehung zu einem anderen Menschen, aber auch zu Normen, Werten oder bestimmten affektiv oder symbolhaft erlebten Gegenständen. Im Gegenteil zeigt sich Bindungslosigkeit als das Fehlen emotional stabiler Wechselwirkungen zwischen einzelnen Personen; Gefühle der Verantwortung, des Wertbewußtseins und der Verläßlichkeit haben bei Bindungslosigkeit keinen Platz. Besonders die Psychoanalyse, der symbolische Interaktionismus und die Rollentheorie haben wertvolle Beiträge zum Verständnis von Bindungen geliefert. Auch die Entwicklungspsychologie hat gerade in letzter Zeit das Entstehen von Bindungen eingehend untersucht. Sie hat nachgewiesen, daß es vom jeweiligen Entwicklungsstand abhängt, welche Bindungsqualität besteht; Bindungsqualität zeigt sich entweder als helfendes System, das sicher macht, oder als angstmachendes, das verunsichert. Im ersten Fall entsteht Bindung, wenn etwa ein Kind erlebt, daß immer dann, wenn es verängstigt und unsicher ist, die Mutter ihm beisteht.

Im Verlauf fachpsychologischer Klärungen ist es von großer Bedeutung zu untersuchen, bei welchen Gefahren, in welchen Ängsten und unter welchen Bedingungen ein Kind sich eher die Hilfe des einen oder anderen Elternteiles wünscht.

Hier sind verdeckende, das heißt projektive Verfahrensweisen angebrachter als die direkte Befragung. Auch der Grad an Bindungslosigkeit ist durch solche Analysen feststellbar. Viele Kinder haben gerade Bindungslosigkeit als Schutz ausgebildet, um langandauerndem und schmerzvollem Streit der Eltern zu begegnen.

Kinder zeigen ein ausgeprägtes Gefühl für stabile Bindungen, auch wenn sie darüber nicht sprachlich und im Bewußtsein Auskunft geben können. Es ist wie bei Gedanken oder Eindrücken aus früherer Zeit. Menschen sind mit Gedächtnisfähigkeiten ausgestattet. Der eine besitzt ein sehr lebhaftes, der andere ein eher verschwommenes Gedächtnis. Eindrücke und Erlebnisse aus vergangener Zeit werden nur lebendig, wenn man nicht dauernd neuen hinterherjagt, vielmehr sich Mühe gibt, zu erinnern und geeignete Einstellungen hierzu entwickelt.

Ähnlich ist es bei Bindungserfahrungen. Kinder, die mit einem Elternteil gute und intensive Erfahrungen gesammelt haben, die sie sicher fühlen ließen und ihnen Schutz gewährt haben, bleiben als solche erhalten und gehen nie verloren. Schwieriger ist es jedoch, sie auch zu erinnern. Manche ziehen aus der Tatsache, daß neue Bindungen so schnell zustandekommen und Erfahrungen über vergangene Bindungen nicht erinnert werden, einen falschen Schluß, nach dem frühere Bindungen bedeutungslos seien. Wer die Lebensgeschichte von Kleinkindern eingehend erforscht, sieht, daß die Art und Festigkeit von Bindungen, die Kinder frühzeitig erfahren haben, erinnert werden können oder zumindest indirekt einer Analyse zugänglich sind. Zum Erinnern muß auch die entsprechende Bereitschaft kommen, sich auf die Suche zu machen, nach dem, was erfahren wurde, und was welche Menschen hinterlassen haben.

Auch die Entwicklungspsychologie hat nachgewiesen, daß Bindungserfahrungen aus der frühen Kindheit nicht verlorengehen. Sie werden vielmehr als verinnerlichte Vorstellungsmodelle von der eigenen Person, der Bezugspersonen und der Welt überhaupt verankert. So werden die einzelnen Erfahrungen gesammelt und ausgewertet, die bereits ein Säugling mit seinen Bezugspersonen und seiner Umwelt erfährt. Sie fungieren ihrerseits als Richtungsweiser und Orientierung für Emotionen und Beziehungen. Sind die anfänglichen Bindungserfahrungen zahlreich und positiv, entwickelt sich ein stabiles positives Orientierungsmuster, das auch als Urvertrauen bezeichnet wird. Urvertrauen bedeutet aber auch Selbstvertrauen und Vertrauen in die Welt. So läßt sich oftmals bei Kindern der Weg zurückverfolgen: Kinder, die ein stabiles Vertrauen zu sich selbst und zur Welt zeigen, machen indirekt deutlich, daß ihnen die Eltern dazu auch verholfen haben.

Kinder, die bindungslos erscheinen, geben dagegen oftmals Auskunft darüber, daß in ihrer frühesten Kindheit eben die Eltern oder derjenige, der mit dem Kind vor allem zusammen war, dieses Vertrauen nicht aufbauen halfen, aus welchen subjektiven Gründen auch immer.

Die Analyse von Bindungen ist deshalb für die Eltern selbst, wie auch für Psychologen und Familienrichter ein Kernstück, wenn es um die Klärung von Fragen nach der elterlichen Sorge und den Kontakt der Kinder mit ihren Eltern geht. Denn Bindungen, die einmal zustandegekommen sind, bestehen immer weiter, obwohl wir vieles tun, sie nicht zu erinnern; dem forschenden Psychologen stellen sich bei dieser Analyse zahlreiche Hindernisse entgegen.

Typologie von Problemsituationen

Welche Hilfen kann die Psychologie anbieten, wenn richterliche Entscheidungen zu treffen sind, ob und in welcher Form Bindungen zwischen Kindern und ihren leiblichen Eltern gepflegt oder geordnet werden sollen? Eine Fülle von Wahrnehmungen, Empfindungen, Gefühlen und Gedanken kommen auf einen psychologischen Sachverständigen zu, wenn er es mit Aufgaben zu tun hat, ein fachpsychologisches Gutachten abzugeben. Es sind Wahrnehmungen, die jeder aufgrund früherer Erfahrungen und wissenschaftlicher Prinzipien ordnet und strukturiert. Welche Ordnungsmuster kann der Sachverständige in sinnvoller Weise anwenden, um der Situation, dem Problem und der Person entsprechend richtig zu reagieren. Es kommen Menschen auf den Sachverständigen zu, die beschwichtigen und beschwichtigt werden sollen, die angreifen und sich darauf einstellen, daß sie selbst auch wieder angegriffen werden; es kommen Menschen, die gelernt haben, daß nur Gedanken sinnvoll sind, die sich logischen Mustern und kognitiven Rastern unterordnen lassen, andere wieder behandeln alles, was außerhalb einem selbst ist und die soziale Umwelt betrifft, als irrelevant und unbedeutend. Solch unterschiedlich gelernte Wahrnehmungs-, Denk- und Handlungsmuster bestimmen weitgehend die Verhaltensweisen von Erwachsenen; solche Muster zu erkennen, hilft dem psychologischen Sachverständigen, in der Sache angemessen zu reagieren.

Der Sachverständige, der ein fachpsychologisches Gutachten zu erstellen hat, hat es nicht mit einem objektivierbaren Gegenstand zu tun, mit lebloser Materie, sondern mit Menschen, ihrer Geschichte, ihrer Motivationsstruktur, ihren Chancen und kommunikativen Möglichkeiten. Es lassen sich gewisse typische Verhaltensweisen unterscheiden, mit denen immer wieder psychologische Sachverständige konfrontiert sind, die wiederum mit unterschiedlichen Motiven, Einstellungen, Denkmustern und Verhaltensabläufen gekennzeichnet sind.

Diese Grundtypen haben sich als voneinander abgrenzbar herauskristallisiert:

Typ B:	Bezirksorientiertes Verhalten (Zitat: »Ich nehme ihn als Menschen wahr«)
Typ F:	Fachlich-autorisiertes Verhalten (»Ich beurteile ihn als Fachmann«)
Typ W:	Widerstandsverhalten (»Ich nehme ihn als Feind wahr«)
Typ T:	Therapeutisches Verhalten (»Ich möchte ihn als Helfer haben«)

Die unterschiedlichen Wahrnehmungen bereits in einer ersten Situation der Kontaktaufnahme zu orten und zu ordnen, scheint von besonderer Bedeutung zu sein. Sie können im Sinne einer fortschreitenden Hypothesenbildung hilfreiche Informationen geben. Außerdem verhindert ein solches Einordnen in typische Verhaltensmuster, daß man sich bereits zu Beginn einer Untersuchungssituation mit chaotischen Wahrnehmungen, ungeordneten Einstellungen und ungesteuerten Verhaltensweisen befassen muß.

Im folgenden sollen diese typischen Verhaltensweisen beschrieben werden.

Typ B: Bezirksorientiertes Verhalten

Personen dieses Typs zeigen durch ihre verbalen und nichtsprachlichen Verhaltensweisen, daß sie bereit sind, zum sachverständigen Psychologen eine menschliche Beziehung herzustellen, die den Regeln von Beziehungen unterworfen sind. Offenheit, Klarheit, für beide Verläßlichkeit und partnerschaftlicher Umgang mit Argumenten und die Fähigkeit zum Kompromiß zeichnen solche Menschen im gutachterlichen Prozeß aus. Das forscherische Anliegen des sachverständigen Psychologen wird ernstgenommen, seine Orientierung am Kindeswohl wird entsprechend respektiert und sein Anliegen wird als echt erkannt. Es erleichtert ihm, Argumente, Motive, Gefühle und Ängste der betroffenen Personen zu akzeptieren und in Erwägung zu ziehen. Nach Abschluß eines gutachterlichen Prozesses kann es dazu führen, daß mit allen Beteiligten in einer gemeinsamen Gesprächsrunde Vorgehen und Ergebnisse besprochen werden. Dies ist eine günstige Voraussetzung, daß Entscheidungen auch akzeptiert werden, auch jene, die den eigenen Wünschen und Bedürfnissen nicht entsprechen. Menschen dieses Typs bieten eher die Chance, daß aus der fachpsychologischen Untersuchung Lösungen entwickelt werden, die Bestand haben und sich an den Interessen der Kinder am ehesten orientieren.

Typ F: Fachlich-autorisiertes Verhalten

Manche Eltern begegnen dem sachverständigen Psychologen nur vor dem Hintergrund der Rolle, die er in der richterlichen Auseinandersetzung zu spielen hat, als Psychologe, der das Fach studiert hat, als Sachverständiger, der vom Gericht deshalb anerkannt ist, oder als Schiedsrichter, weil die Richter unschlüssig sind. Für solche Personen ist es von entscheidender Bedeutung, daß sie Ziel und Grenzen der psychologischen Wissenschaft und ihrer Methodik kennenlernen, und daß der sachverständige Psychologe dies auch darzustellen versteht. Dem sachverständigen Psychologen hilft der Hinweis auf die lange Tradition der Psychologie als Wissenschaft und auf bewährte diagnostische, teilweise standardisierte Instrumentarien, die in den letzten Jahren entwickelt worden sind. Es ist durchaus zweckmäßig, daß der sachverständige Psychologe erklärt, was die Psychologie in einem jeweils vorliegenden Fall zu leisten in der Lage ist, auf welche Wissensbereiche er sich bezieht, auf welchem Erfahrungshintergrund er seine Erkenntnisse aufbaut und welche Erfahrungswerte in ähnlichen Lebenssituationen gesammelt worden sind. Die Einstellung, die Personen dem psychologischen Sachverständigen gegenüber einnehmen, ist nicht anders als die Art, wie die Gesellschaft insgesamt der Psychologie gegenüber eingestellt ist. Die einen bewundern sie als den Schlüssel der Weisheit und der Lebensbewältigung, einige ignorieren sie als Wissenschaft, weil sie sich grundlegenden Voraussetzungen wissenschaftlichen Denkens nicht unterzuordnen in der Lage sind. Vom Gericht aber sind dem Gutachter Kompetenz und Sachwissen zugesprochen worden; diese Kompetenz darzustellen, auszudrücken und abzugrenzen scheint besonders bei Personen von großer Bedeutung zu sein, die den Fachbereich der Psychologie entweder nicht kennen, Mißtrauen ihm gegenüber hegen oder auch voller Bewunderung der Psychologie gegenüber eingestellt sind. Bei Menschen, die besonders nach dieser genannten Typologie wahrnehmen, denken und sich verhalten, kommt es oftmals zu einem Defizit an Beziehung. Sie akzeptieren zwar oft, wenn auch zähneknirschend, die fachliche Autorität eines psychologischen Sachverständigen, scheuen aber, innerlich dazu Stellung zu nehmen oder zeigen innere Widerstände der Person und dem Fach gegenüber. Für den Gutachter ergibt sich die Aufgabe, daß er nicht nur seine Kompetenzen darstellt, sondern auch sein Interesse am jeweiligen Menschen und der menschlichen Problematik, die jeweils sich dahinter verbirgt, signalisiert. Sonst wird er zum psychologischen Apparatschik, dessen Äußerungen dann als lebensfremd und letztendlich als unbedeutsam eingeschätzt werden. Gerade dies aber wäre sicherlich keine günstige Voraussetzung dafür, daß Aussagen des psychologischen Sachverständigen akzeptiert werden.

Typ W: Widerstandsverhalten

Häufig ist bei Personen heftiger Widerstand zu spüren, wenn sie durch das Familiengericht veranlaßt wurden, einen psychologischen Sachverständigen aufzusuchen. Der innere Abstand zeigt sich häufig schon in der Art der Begrüßung, in der Vermeidung von Blickkontakten, in der Abwehr persönlicher Fragen, im eisigen Schweigen und im reduzierten Sprachgebrauch. Ein solcher Widerstand ist oftmals erklärbar als Resultat lang andauernder Konflikte und persönlicher Enttäuschungen. Einen solchen Widerstand zu erkennen, zu reflektieren und entsprechend damit umzugehen, scheint für den sachverständigen Psychologen und den Erfolg des gutachterlichen Prozesses von großer Bedeutung zu sein. Widerstände sind das Resultat mißlungener Bewältigungsversuche psychischer Probleme. Sie haben die Tendenz, einem inneren Wiederholungszwang entsprechend sich in ihrer Wirkung fortzusetzen; Veränderungen sind nur unter erschwerten psychischen Bedingungen möglich. Solche Widerstände haben zumeist in langen Beziehungskonflikten dazu geführt, daß die Ehe gescheitert ist und schließlich zur Trennung geführt hat; dementsprechend werden solche Widerstände auch in Fragen der elterlichen Sorge, oder, wenn es um das Umgangsrecht geht, genauso unzweckmäßig und erfolglos angewandt. Solche Widerstände zu erkennen, zu reflektieren, zeichnet die Fähigkeit eines erfahrenen Sachverständigen aus. Recht schnell wird der Sachverständige solche Widerstände erkennen und geeignete Wege finden, diesen beizukommen. Es wäre ein großer Fehler, wenn der Sachverständige Anzeichen des Widerstandes als gegen sich selbst gerichtet interpretieren würde. Er wäre dann vielleicht in seiner Eitelkeit verletzt und der Sache des Kindes würde dadurch in keiner Weise entsprochen. Es verlangt große Erfahrung, Zeichen des Widerstandes, der Abwehr, als Zeichen der Hilflosigkeit und der Abwehr von Angst zu erkennen. Vom Gutachter wird verlangt, daß er nicht nur Sachkompetenz besitzt, sondern auch die notwendige Selbstkompetenz, die ihm zeigt, wer er ist, was er kann und in welche psychodynamische Mechanismen er als Sachverständiger hineingestellt wird.

Typ T: Therapeutisch orientiertes Verhalten

Nicht selten ist auch jener Typ von Erwachsenen, der am Ende einer oft sehr strapazierenden Auseinandersetzung und mißlungenen Konfliktbewältigung zur Einsicht gekommen ist, daß er ohne die Hilfe von außen aus den Schwierigkeiten nicht mehr herausfinden kann. Eine solche Art von Einsicht und Akzeptanz von Hilfe ist oftmals die Voraussetzung dafür, daß tragfähige Lösungen innerseelischer Konflikte und auch von Schwierigkeiten in der Beziehung der Partner zueinander gefunden werden. Am Anfang steht oftmals die Selbstüberschätzung eigener Wahrnehmungen, Gefühle und Beurteilungen. Am Ende kommt jedoch mancher zur Einsicht, daß man sich selbst mit seinem Problem im Wege steht, wenn man sich nicht öffnet für Ideen und Hilfen anderer. Solche Einstellungsänderungen verhelfen oftmals dazu, daß nicht nur Lösungsvorschläge psychologischer Sachverständiger eher akzeptiert werden, sondern auch, daß sich solche Menschen oft entschließen, sich einer längeren psychologischen Beratung oder Behandlung zu unterziehen.

Beispiel:

Frau und Herr Gerber leben seit einem Jahr getrennt. Ihr Sohn Michael war zu diesem Zeitpunkt etwa ein Jahr alt. Er lebt nunmehr bei der Mutter. Mehrere Versuche, daß sich die Eltern zu einem Kompromiß in bezug auf die Regelung des Umgangsrechts zwischen dem Vater und seinem Sohn einigen, scheiterten. Schließlich beantragte die Mutter bei Gericht, daß das Besuchsrecht ausgesetzt werde, weil das Kind durch den Kontakt mit dem Vater psychisch äußerst belastet und vermutlich auf Dauer geschädigt werde. Der Vater hingegen vertrat die Meinung, daß der Junge bei ihm gerne sei, daß der Kontakt gut und unproblematisch sei und daß Störungen im Kontakt allein von der Mutter zu verantworten seien. Schließlich forderte das Gericht das Gutachten eines psychologischen Sachverständigen an. Der Vater kam widerwillig zum Psychologen. Er, ein Akademiker, vermittelte, daß er ziemlich genau wisse, was richtig und machbar sei. Schwierigkeiten lägen alleine im Verschulden seiner Frau. Er selbst wisse, daß der Junge einen engen und innigen Kontakt zu ihm wünsche. Er selbst sei sich keines Fehlers bewußt.

Herr Gerber erzählte ausführlich über seine Ehe und über die bisherigen Kontakte mit seinem Jungen. Mit immer neuen Beispielen schilderte er das angebliche Fehlverhalten seiner Frau. Daß er selbst in seinem Beruf nicht so recht vorwärts komme, liege ausschließlich an der mangelnden Arbeitsplatzsituation und an der feindseligen Art, mit der ihn sein Vorgesetzter behandelt habe. Nun sei er arbeitslos, habe aber demnächst eine Arbeit in Aussicht. In all seinen Schilderungen und aus der Analyse seiner nichtsprachlichen Kommunikationsinhalte ergab sich, daß Herr Gerber dem Gutachter kaum eine Chance ließ. Wenn er seine Meinung teilte, fand er ihn okay, wenn er den Argumenten seiner Frau gegenüber Verständnis zeigte, erlebte er ihn als feindselig.

Eine Analyse des Erstgesprächs zeigte auch, daß die thematische Gewichtung des Gesprächs auf der Rechtfertigung eigener Positionen ruhte, ansonsten trug Herr Gerber nur Beschuldigungen gegenüber seiner Frau vor. Mit Abwehr reagierte er auf Fragen, welche Kompromisse möglich sein könnten und welche Hilfen durch die fachpsychologischen Untersuchungen entwickelt werden könnten. Für Herrn Gerber galt unumstößlich und undiskutierbar, daß sein Sohn bei ihm alles habe, was er brauche. Der Sachverständige legte hierauf fest, daß der Kontakt zwischen dem Jungen und dem Vater in einer lebendigen Situation beobachtet werde. Dabei zeigte sich, daß der Junge großen Widerstand im Kontakt dem Vater gegenüber zeigte. Der Vater konnte diesen aber als solchen nicht erkennen. Daß der Junge es ablehnte, körperlichen Kontakt zum Vater zu haben, seine Geschenke nicht akzeptierte und nicht einmal bereit war, Süßigkeiten von ihm anzunehmen, interpretierte der Vater als suggestiv-negative Beeinflussung durch seine Frau. Es mußten einige Beobachtungskontakte über mehrere Wochen eingeplant werden, bis der Vater wieder einen relativ positiven Kontakt zu seinem Sohn herstellen konnte. Nach der vierten Stunde wurde aber der Vater ungeduldig, seine Widerstände kehrten zurück, und seine Bereitschaft, schrittweise Lösungen durch einen Kompromiß zu erreichen, war bei ihm wieder verlorengegangen. Er verlangte sofort, daß er seinen Jungen vierzehntägig zu sich nehmen könne und beantragte bei Gericht, daß unter Strafandrohung seine Frau gezwungen werde, ihm das Kind auszuhändigen, und daß sie die neue Besuchsregelung unterstützen müsse. Aus psychologischer Sicht jedoch war dies ein riskanter Versuch, der nicht zu vertreten war. Es wurde deshalb dem Vater geraten, noch geraume Zeit befristete Kontakte an einem neutralen Ort und unter psychologischer Hilfestellung in Anspruch zu nehmen, bis die Beziehung zwischen ihm und dem Kind wieder derartig stabil sei, daß der Junge gern und zuversichtlich den Kontakt über längere Zeit mit dem Vater wolle. Der Widerstand Herrn Gerbers wuchs aber an; er beschwerte sich sogar bei Gericht über den Gutachter, weil er die Dinge derartig verzögere und nach seiner Meinung zu sehr die Argumente seiner Frau anhöre. Nur durch die entscheidende Mithilfe des Familiengerichts wurden dennoch die Kontakte, die befristet und an einem neutralen Ort und mit psychologischer Hilfe abgewickelt wurden, fortgesetzt. Ganz allmählich und langsam löste sich der Widerstand, und auch bei Herrn Gerber setzte sich die Erkenntnis durch, daß dieser Weg langfristig doch eher zu einem Ziel führt als seine Interessen mit Nachdruck und Brachialgewalt durchsetzen zu wollen. Für den Gutachter war es nicht einfach, mit den intensiven Emotionen umzugehen, die der Vater auf ihn ablud. Aber erst dadurch, daß er sie auszuhalten gelernt hat, konnte er einen neuen Einsichtsprozeß bei Herrn Gerber in Gang setzen. Durch solch mühevolle und langwierige Prozedur kam es nicht nur zu einer gelungenen Regelung des Kontaktes zwischen dem Jungen und seinem Vater, sondern auch zu entsprechenden Lösungen zwischenmenschlicher Beziehungen. Den größten Lerngewinn hatte Herr Gerber selbst dabei gezogen.

Standardmethoden psychologischer Untersuchungen

Wie auch in anderen Beziehungen handelt es sich bei der Erstellung eines psychologischen Sachverständigengutachtens um eine Beziehung zwar mit spezifischen Elementen und eindeutiger Aufgabenstellung, aber auch dabei sind Regeln wie auch sonst im Umgang zwischen Menschen zu unterscheiden und zu berücksichtigen.

Kontaktanbahnung

Ganz entscheidend ist die Anfangssituation und die Kontaktaufnahme zwischen einzelnen Personen und dem psychologischen

Sachverständigen. Oftmals sind bereits aus der Art der Einladung zu einem Erstgespräch, aus der ersten Begrüßung und beim ersten Austausch sprachlicher und nichtsprachlicher Botschaften deutliche Signale zu erkennen. Für den psychologischen Sachverständigen ist es von großer Bedeutung, wenn er schon zu Beginn darstellen kann, daß es ihm um menschliche Fairneß, zwischenmenschliche Klarheit, respektvollen Umgang und Streben nach Objektivität geht.

Ganz deutlich muß er bereits auch zu Beginn hervorheben, daß er selbst zu Objektivität verpflichtet ist, daß er fachlich und persönlich unabhängig ist und zwiespältigen Einflüssen nicht zur Verfügung steht. Keineswegs sollten Gefühle der Überheblichkeit oder eine herausgehobene Machtposition aufkommen; sie würden nur Schwäche, Unsicherheit oder Angst zudecken und wären dem Ablauf der Untersuchung sehr abträglich.

Es ist verständlich, daß es für den Sachverständigen wichtig ist, daß er pünktlich, korrekt und auf die Termine psychisch eingestellt ist. Das erhöht nicht nur die Aufmerksamkeit, sondern vermittelt dem Besucher, daß er sich auf ihn vorbereitet hat.

Einzelgespräch mit den betroffenen Eltern

Im Einzelgespräch geht es um folgende Inhalte: Biografische Daten, Motive und Verlauf der partnerschaftlichen Beziehung, Konfliktbeginn, Methoden der Auseinandersetzungen und Konfliktverarbeitung, Anlaß und Verlauf der Trennung oder Scheidung, vermutete Nachwirkungen und Perspektiven.

In einem zweiten Bereich werden Entwicklungsdaten und Entwicklungsverlauf des Kindes, seine Interessen, seine Neigungen und Eignungen erfragt.

Schließlich geht es in einem dritten Bereich darum, Motive zu erfragen, das elterliche Recht für sich zu beanspruchen oder darauf zu bestehen, den Kontakt mit dem Kind zu pflegen, aufzunehmen oder auch zu beantragen, daß der Kontakt mit dem anderen Elternteil unterbrochen oder verringert wird. Auf Begründungen jeweils eingehend, wird es möglich, die Beweggründe eingehend zu analysieren.

In einem weiteren Bereich geht es darum, Erwartungen in bezug auf das psychologische Sachverständigenurteil zu erfragen, daraus läßt sich ableiten, welches wohl die Motive, Gedanken und Handlungsgewohnheiten des Betreffenden sind. Außerdem kann dabei der Gutachter selbst eine Rolle verdeutlichen und, so gut es geht, einen Konsens darüber ereichen, was der einzelne vom Gutachter erwartet, und der Gutachter selbst zu klären in der Lage ist.

Zum Schluß steht schließlich die Abklärung von Bereichen im Mittelpunkt, in denen Kompromisse möglich, Alternativen diskutabel sind und von welchem Punkt aus künftige Schritte sinnvoll entwickelt werden können.

Besonders für das erste Gespräch sollte genug Zeit vorhanden sein, eine entsprechende Atmosphäre den Hintergrund bilden und Offenheit im Gespräch entwickelt werden, so gut es die Situation zuläßt. Im Normalfall wird es sinnvoll sein, daß die Eltern jeweils getrennt zu Erstgesprächen kommen; schließlich hat jeder Anspruch darauf, seine eigene Sichtweise darzulegen und hierfür ausreichend Gehör zu finden.

Psychologische Untersuchung des Kindes

Das Hauptaugenmerk liegt auf der Kontaktaufnahme in einer entsprechend gelösten und positiven Atmosphäre, schließlich soll dabei die allgemeine körperliche, geistige, motorische und soziale Entwicklung eines Kindes fachpsychologisch untersucht werden. Dann ist es auch wichtig herauszufinden, welche Beziehungsstruktur zwischen Eltern und Kind vorhanden ist. Daraufhin schließt sich eine Analyse der Ängste, Widerstände und Bindungen in bezug auf das allgemeine Lebensgefühl des Kindes genauso wie in bezug auf die beiden Eltern an.

Der psychologische Sachverständige bedient sich dabei nicht so sehr der sprachlichen Möglichkeiten, sondern gerade bei jüngeren Kindern ist die Analyse von Projektionen bedeutungsvoller. Kinder können durch Symbole, Bilder, Gestaltungen und durch Figuren sehr viel offener und eindeutiger über ihre Beziehung zu sich und ihrer Umwelt Auskunft geben als es durch direkte Sprache möglich ist.

Für diese Art von Beziehungsanalyse ist viel Zeit notwendig; wichtiger jedoch ist immer, daß der psychologische Sachverständige in eine entsprechende Beziehung zum Kind einzutreten in der Lage ist, die es ihm ermöglicht, an den Kern der Gefühle eines Kindes und seiner Beziehungen heranzukommen. Vertrauen, Wertschätzung und Echtheit sind hier jene Voraussetzungen, durch die jenseits von Abwehrmechanismen und Ängsten ausreichend Informationen über das Innenleben eines Kindes gewonnen werden können. Oftmals sind auch mehrere Kontakte notwendig, um eine entsprechende Vertrauensbasis aufzubauen.

Probelösungen

Zum Auftrag eines sachverständigen Psychologen gehört es auch, die Auswirkungen unterschiedlicher Lösungsmöglichkeiten prognostisch abzuschätzen. Mit welchen Erfolgsaussichten kann man bei dieser oder jener Entscheidung rechnen, welche Risiken sind mit der einen oder anderen Sorgerechtsregelung oder Festlegung des Umgangsrechts verbunden? Zu diesem Zweck können sinnvollerweise unterschiedliche Lösungsansätze nach vereinbarten Regeln und Fristen erprobt werden. Solche Probelösungsversuche können mehr in Bewegung bringen, als es auf den ersten Blick scheint. Häufig sind Eltern bereit, einer Lösung in kleinen Schritten, mit festen Regeln und für bestimmte Zeiträume gültig, zuzustimmen. So lösen sich oftmals selbst harte Widerstände und Beurteilungen auf, neue Lösungsansätze werden ersichtlich und zerstörerische Energien können abgebaut werden. Solche Probelösungsansätze muten keinem Beteiligten mehr zu, als er psychisch verkraften kann, und niemand sieht sich so schnell überfordert, was vor allem hinsichtlich der Kinder gilt. Wenn erst einmal der Anfang gesetzt ist, sind Lösungen recht nahe.

Interaktionsanalyse

In der Regel wird in einer an die Lebenswirklichkeit angepaßten Situation das Verhalten und die Beziehung eines Kindes oder mehrerer Kinder mit jeweils einem Elternteil untersucht. Dafür gibt es sowohl standardisierte, aber auch unstandardisierte Aufgabenstellungen.

Daran erkennt der psychologische Sachverständige, wie im Rahmen einer Beziehung Impulse gesetzt, Dialoge geführt, Antworten verteilt, Konflikte ausgetragen und mit Gefühlen umgegangen wird.

Auswertungen von Interaktionsanalysen sind gerade in den letzten Jahren zu einem besonders wichtigen Teil fachpsychologischer Begutachtungen geworden. Sie stützen sich auf neuere Erkenntnisse der Sozialforschung und Kommunikationswissenschaften.

Es wurden in letzter Zeit mehrere kategoriale Systeme entwickkelt, die es ermöglichen, Interaktionsabläufe möglichst genau, objektiv und nachvollziehbar zu beobachten. Ein derartiges Beobachtungssystem wird im folgenden beispielhaft dargestellt:

Zumeist kommen die Eltern gespannt und ängstlich zum psychologischen Sachverständigen. Das sind keine guten Bedingungen für die Untersuchung. Damit die Verkrampfung und die Ängstlichkeit einigermaßen abgebaut werden, ist es notwendig, sich zu überlegen, wie die Situation aufgelockert werden kann. Es hilft, wenn man die Eltern erzählen läßt, wie sie hergekommen sind, was sie vorher gemacht und welche Gefühle sie jetzt haben. Es verhilft auch zur Entspannung, wenn der entsprechende Beobachtungsraum erklärt und die Gegenstände darin vorgestellt werden. Günstig ist es, wenn die Beobachtungen hinter einer Einwegscheibe stattfinden, so daß die Eltern mit ihren Kindern auf der einen Seite des Raumes sind und Kontakt haben und hinter der Beobachtungsscheibe sich der Sachverständige beziehungsweise seine Mitarbeiter befinden. Der Psychologe legt zumeist je nach Situation und Fragestellung fest, ob er den spontanen Verlauf der Kontakte untersuchen will oder Verhaltensweisen und Kommunikationen in Aufforderungssituationen beobachten will. Im ersten Fall werden Kinder und ihre Eltern darauf hingewiesen, daß Spielgegenstände und andere Materialien vorbereitet sind. Es steht dann den Beteiligten frei zu spielen, zu reden oder auch nichts zu tun.

Bei strukturierten Aufgaben ist es wichtig, daß der Sachverständige klar umrissene Aufgaben stellt und detailliert beschreibt, was zu tun sei und sich auch über die zeitlichen Rahmenbedingungen mit den Beteiligten abspricht.

Beispiele für solche Aufgaben:

- Bauen Sie mit Bausteinen und anderen vorhandenen Utensilien eine Landschaft nach Ihren Wünschen!
- Stellen Sie sich vor, Sie sind in den Ferien, und das gebuchte Zimmer ist nicht mehr zu bekommen, was würden Sie tun?
- Zeigen Sie, wie man einen alltäglichen Streitpunkt, wer etwa im Haushalt wo mithelfen sollte, lösen kann. Probieren Sie, legen Sie Rollen fest, spielen Sie die Szene durch und reden Sie nachher darüber!

Diese und ähnliche Aufgabenstellungen können deutliche Hinweise über Kommunikationsabläufe innerhalb einer Bezugssystematik erbringen.

Entscheidend jedoch sind Beobachtungskategorien, nach denen der sachverständige Psychologe selbst seine Beobachtungen registriert.

Folgende Kategorien haben sich als ausreichend objektiv bewährt:

1. Sprachliche Äußerungen (der gesprochene Text)
2. Gesprächspausen oder Ignorieren von Verhaltensweisen
3. Blickkontakt
4. Grob- und Feinmotorik (Was machen Hände, Beine, Gesicht, Kopf und Körper?)
5. Welche Einstellung drückt sich durch Haltung, Stimme und Mimik aus?

Die genannten Kategorien haben sich bewährt, Interaktionen entsprechend genau zu studieren (vgl. *Innerhofer, P.,* 1977). Aus derlei Beobachtungen können Ziel und Absichten der Eltern und der Kinder deutlich analysiert werden, sie ermöglichen auch, Vermeidungsverhalten zu erkennen und geben Hinweise auf Übertragungsmechanismen im Kontext der zwischenmenschlichen Beziehungen.

Beobachtung der natürlichen Umwelt und der gewohnten Kommunikationsformen im Haus des Kindes

Zu jeder psychologischen Untersuchung von Eltern-Kind-Beziehungen sollte gehören, daß jeweils die natürliche Umwelt und die entsprechenden Interaktionsformen eingehend erforscht werden. Es entspricht den Regeln der Höflichkeit, daß solche Besuche angemeldet werden, auch wenn dadurch bestimmte Veränderungen ursprünglicher Gegebenheiten berücksichtigt werden müssen. Unvorbereitete und überraschende Besuche oder Untersuchungen von psychologischen Sachverständigen sollten die Ausnahme sein. Eine solche ist etwa folgende:

Frau S. beschwerte sich unaufhörlich über ihren Rechtsanwalt bei Gericht, daß ihre Kinder beim Vater nicht gut versorgt würden, daß die Hygieneansprüche an die Kinder nicht erfüllt seien, daß sie vielmehr verschmutzt und geradezu verwahrlost an den Besuchstagen ihr gebracht würden.

Nachdem die Kritik durch die Mutter nicht aufhörte, entschied sich das Familiengericht erneut, den psychologischen Sachverständigen die Vorwürfe untersuchen zu lassen. Die Besuchsregelung war dem Gutachter bekannt; er benutzte diese Kenntnis und besuchte die Mutter, kurz bevor die Kinder beim nächsten Besuchstag von ihrem Vater gebracht wurden, und beobachtete sie. Die Kinder waren gut vorbereitet, es waren keine Beanstandungen zu finden. Kritisches war jedoch am Verhalten der Mutter zu beobachten. Sie selbst war an dem vereinbarten Zeitpunkt nicht auf die

Kinder eingestellt, sie kam nach mehrmaligem Läuten schlaftrunken im Morgenrock aus der Wohnung und empfing – gänzlich unvorbereitet – ihre Kinder.

Seit diesem Zeitpunkt hat sich alles geändert. Die Mutter verzichtete von selbst auf weitere Beschwerden und die Besuchsregelung konnte von nun an recht positiv für die Kinder weitergeführt werden.

Psychologische Untersuchung Erwachsener

Im Rahmen psychologischer Untersuchungen zum Sorgerecht und zu Regelungen des Umgangsrechts spielt die erzieherische Fähigkeit der Eltern eine wichtige Rolle. Bei dieser Prüfung ist jedoch nicht alles psychologisch zu untersuchen, was sich testen läßt, sondern der Psychologe muß genau darauf achten, daß er lediglich jene Einstellungen und Verhaltensweisen zu untersuchen hat, die für die Frage der erzieherischen Fähigkeit und für das Wohl des Kindes von Bedeutung sind. Alle anderen Bereiche unterliegen dem Schutz der Persönlichkeit und dem Auftrag der Verschwiegenheit. Tests, die die Persönlichkeit als Ganzes zu untersuchen vorgeben oder Aussagen über die Persönlichkeitsstruktur ermöglichen, verbieten sich daher. In jedem Einzelfall ist diese Frage erneut abzuklären und mit den Beteiligten die Vorgehensweise festzulegen.

In Fällen, in denen es um die Frage krankhafter Persönlichkeitsstrukturen geht oder um extreme Abweichungen verschiedener Bereiche der Persönlichkeit und abnorme emotionale oder sexuelle Reaktionsweisen, sind genauere Untersuchungen der Persönlichkeitsstruktur auch im wohlverstandenen Interesse der untersuchten Personen angezeigt.

In den meisten Fällen aber ist die Analyse erzieherischer Einstellungen und Verhaltensweisen ausreichend, um psychologische Fragestellungen in bezug auf das Kindeswohl fachkundig abschätzen zu können.

Auswertungsgespräch

Nie darf ein gemeinsames Auswertungsgespräch der beteiligten Eltern fehlen. An solchen Auswertungen sollten auch Kinder teilnehmen, vor allem, wenn sie älter als zwölf Jahre sind.

Hier wird noch einmal auf den Ausgangspunkt der Untersuchung, auf ihre Methoden und ihre Voraussetzung zurückgegriffen. Dabei sollte der psychologische Sachverständige seine Ergebnisse darlegen und in einen möglichst verständlichen Begründungszusammenhang einordnen. Natürlich wird er auch auf kritische Fragen ausführlich und bereitwillig eingehen.

Dabei wird aber von besonderer Wichtigkeit sein, alle Bereiche abzustecken, für die Kompromisse möglich sind, und tragfähige Lösungen für die Zukunft gefunden werden können. Dabei sollte das Positive dem Hinderlichen, das Friedenstiftende dem Streitbaren vorgezogen werden. Der Sachverständige selbst sollte ein Vorbild dafür sein, daß es sich lohnt, Kompromisse zu suchen, daß es besser ist, auf die Zukunft zu setzen als sich nur mit Vergangenem auseinanderzusetzen.

Schriftliches oder mündliches Gutachten für das Familiengericht

Erst danach sollte das schriftliche Gutachten dem Familiengericht unterbreitet werden. In vielen Fällen ist es angezeigt, daß dies auch in einer mündlichen Form geschieht.

Für den Sachverständigen ist es von großer Bedeutung, daß er das Gutachten in der Weise formuliert, daß es nicht verletzt, aber doch den Sachverhalt trifft; daß es sprachlich so formuliert ist, daß es beim aufmerksamen Lesen verständlich wird, ohne daß es nur in verschwommene Alltagssprache einmündet. Vor allem sollte darauf geachtet werden, daß die Eltern daraus Perspektiven für die Gestaltung der Beziehung zu ihren Kindern wie auch zueinander ableiten können. Das schriftliche oder mündliche Gutachten sollte nicht der Abschluß einer Beziehung sein, sondern deren Ausdruck. Die Vertrautheit, die Wertschätzung und die Echtheit, die den psychologischen Sachverständigen auszeichnen soll, sollte vielmehr die Grundvoraussetzung sein, daß die Beziehung auch bestehen bleiben kann und Eltern auf den Sachverständigen zurückgreifen können, wenn sie das Gefühl haben, auf Hilfe angewiesen zu sein.

Vorschläge und Anregungen für eine dauerhafte Lösung

Auch Fachpsychologen, Gutachter, Sozialpädagogen und Familienrichter können nur ihre Hilfe anbieten, jeder betroffene Erwachsene muß für sich selbst entscheiden, welche Anregungen und Ratschläge er akzeptieren und umsetzen will. Für jene, die hierfür ihr Herz offenhalten, werden im folgenden eine Reihe von Vorschlägen zusammengestellt, die die Trennung der Eltern selbst, die entsprechenden Erlebnisse der Kinder wie auch die Kontaktmöglichkeiten und die damit verbundenen Probleme betreffen.

Ratschläge von Eltern, wie diese die Trennung besser bewältigen können

86 Eltern wurden nach ihrer Meinung befragt, was geschehen müsse, damit Erwachsene, die sich scheiden lassen wollen, selbst die Probleme der Trennung besser bewältigen können? Es waren bis zu sieben Antworten möglich. Die Tabelle auf S. 162 gibt einen Überblick über die gegebenen Antworten.

Weitaus am häufigsten schlagen die befragten Personen vor, daß am ehesten Gespräche helfen, Probleme im Zusammenhang der Trennung zu bewältigen (32,2 % aller Aussagen). Betrachtet man die einzelnen Aussagen, so sind darunter nicht nur die Gespräche zwischen direkt betroffenen Partnern gemeint, sondern im weiteren Sinne auch die Gespräche mit Freunden, Verwandten und beruflich ausgebildeten Helfern. Nach Häufigkeit folgt dann der Vorschlag, sich kompetente Hilfe von Dritten zu holen, wenn Probleme der Trennung zu bewältigen sind (19,2 %). Hierzu werden nicht nur Eheberater, Lebensberater, Psychologen, Therapeuten, Ärzte und Sozialarbeiter gerechnet, sondern auch die Hilfe, die Erwachsene in Trennungssituationen durch Rechts-

Nr.	Inhalt	Angaben	in Prozent
1	Vor der Trennung Klärung wichtiger Fragen (Verbleib der Kinder, Kontakte, wirtschaftliche Belange)	38	13,0 %
2	In Freundschaft auseinandergehen	48	16,5 %
3	Gespräche, wenn Probleme auftreten	94	32,2 %
4	Sich klarwerden über Hintergründe, Ursachen, Beweggründe und eigene Anteile an der Trennung	34	11,6 %
5	Abwehr negativer Einflüsse von seiten Dritter	22	7,5 %
6	Kompetente Hilfe durch Dritte	56	19,2 %
	Insgesamt:	292	100,0 %

anwälte und Familienrichter erhalten. Recht häufig sind auch Vorschläge, die zum Ziel haben, daß die Erwachsenen sich bereit erklären, in Freundschaft auseinanderzugehen (16,5 %). Dieses Ziel tritt besonders häufig am Anfang der Trennungsphase auf; oftmals stellen sich jedoch Hindernisse auf diesem Weg ein. Wenn etwa ein Partner – aus welchen Gründen auch immer – diese Bereitschaft nicht mehr aufbringt, dann ist auch für den anderen das Ziel nicht mehr zu verwirklichen, in Freundschaft und Fairneß eine Partnerschaft zu beenden. Derjenige, der den Streit vom Zaun bricht, zwingt ihn normalerweise dem anderen auf. 13 % der Angaben betreffen Vorschläge, die den Zeitpunkt vor der endgültigen Trennung beinhalten.

Erfahrungen bestätigen, daß Fragen, die vor der endgültigen Trennung geklärt worden sind, helfen können, daß der Konfliktstoff im Verlauf der Trennungsphase nicht weiter anwächst. Was bereits vor der Trennungsphase geklärt werden konnte, kann dazu verhelfen, daß zahlreiche Schwierigkeiten von Anfang an ausgeräumt werden können.

11,6 % der Vorschläge betreffen die Analyse von Hintergründen, Motiven und eigenen Anteilen an einer Partnerschaft und deren Trennung.

Es ist erstaunlich, wie vergleichsweise gering die Zahl diesbezüglicher Angaben ist, wenn man bedenkt, daß die psychologische Aufarbeitung von Trennungsproblemen für viele eine sehr wichtige Hilfe zur Bewältigung von Konflikten und Problemen im Verlauf der Trennung geworden ist. 7,5 % der Angaben betreffen die Abwehr negativer, zerstörerischer, selbstsüchtiger Einflüsse von Dritten, die oftmals zwischenmenschliche Lösungen, Kompromisse und entsprechende Vereinbarungen erschweren.

Einzelaussagen von Eltern

Die untersuchten Personen haben auch eine Reihe von Einzelaussagen gemacht, die sich nicht exakt mit den o. g. Kategorien decken. Die wichtigsten sollen hier aufgeführt werden:

- Keiner sollte den Eindruck haben, daß der andere ihn materiell überfordern will
- Vernunft den Emotionen gleichwertig gegenüberstellen
- Keinen Haß entwickeln
- Ehrlich sein
- Immer klar und sachlich bleiben
- Trauerarbeit leisten
- Verzeihen statt Rache planen
- Kompromißbereitschaft, innere Ruhe finden und wieder zu sich selbst kommen.

Insgesamt zeigen alle Anmerkungen die Bedeutung von Fairneß, von Kompromißbereitschaft und von psychischer Trauerarbeit auf.

Ratschläge von Eltern, wie ihre Kinder durch eine Trennung möglichst wenig belastet werden

Die Eltern dieser Untersuchung wurden auch darüber befragt, was geschehen müsse, damit Kinder möglichst wenig durch Trennung und Scheidung belastet werden. Die folgende Tabelle gibt darüber eine Übersicht.

Damit Kinder Trennung und Scheidung möglichst unbelastet bewältigen können

Inhalt	Angaben	in Prozent
Kind nicht als Druckmittel verwenden	12	5,2 %
Kinder nicht negativ beeinflussen	41	17,8 %
Entscheidungen möglichst den Kindern überlassen	28	12,2 %
Großzügiges Besuchsrecht/zahlreiche Kontakte	34	14,8 %
Kein Besuchsrecht, keine Kontakte	37	16,2 %
Beweggründe und Umstände der Trennung den Kindern erklären	16	6,9 %
Mehr Zuwendung für die Kinder als sonst	12	5,2 %
Kein Streit vor den Kindern	18	7,8 %
Möglichst die Kinder nicht aus der vertrauten Umgebung herausreißen (Schule, Freunde)	14	6,1 %
Andere Angaben	18	7,8 %
Insgesamt:	230	100,0 %

Die Auswertung zeigt eine große Vielfalt von Antwortrichtungen. Am häufigsten sind Vorschläge, die dahin gehen, Kinder nicht negativ zu beeinflussen, wenn es um die Person und den Kontakt zum getrenntlebenden Partner geht (17,8 %). Auffällig ist, daß die Vorschläge, es sollte mit dem Kind kein Besuchsrecht mit dem Getrenntlebenden ausgeübt werden (16,2 %), genauso häufig sind wie die Vorschläge, die ein großzügiges Besuchsrecht und zahlreiche Kontakte mit dem getrenntlebenden Elternteil beinhalten (14,8 %). Weitere statistische Analysen würden vermutlich zum Ergebnis führen, daß jeweils die Eltern, die das Sorgerecht über das Kind ausüben, eher gegen großzügige Besuchsregelungen und Kontakte zum Getrenntlebenden sprechen, während letztere dafür plädieren, daß die Kontakte mit den Kindern auch weiterhin gepflegt werden, auch wenn der Vater oder die Mutter nicht im gleichen Umfeld wie ihre Kinder leben.

Die weiteren Vorschläge betreffen folgende Gesichtspunkte:

– Streit vor den Kindern sollte vermieden werden (7,8 %)
– Beweggründe und Umstände der Trennung sollten den Kindern erklärt werden (6,9 %)
– Die Kinder sollten möglichst nicht aus der vertrauten Umgebung herausgerissen werden (6,1 %).

Schließlich beziehen sich zwei Vorschläge auf die psychische Situationen des Kindes selbst; Kinder sollten nicht als Druckmittel verwendet werden (5,2 %) und sie sollten mehr Zuwendung bekommen als sonst (5,2 %).

Die Fülle der Angaben zeigt, wie vielfältig die Vorschläge sind, die Kindern helfen sollen, die Probleme der Trennung und Scheidung möglichst unbelastet bewältigen zu können.

Im Anschluß daran sei noch ein schriftlicher Bericht einer Mutter, Frau Sch., 34 Jahre, aufgeführt:

Bericht einer Mutter

»Die Trennung sollte für die Kinder in Ruhe verlaufen; die Kinder sollten nicht als Druckmittel verwendet werden und man sollte sie nicht aufhetzen; die Eltern sollten andererseits nicht versuchen, sich gegenseitig vor den Kindern schlecht zu machen; es sollte also keine »schmutzige Wäsche« gewaschen werden. So gut es geht, sollte man Kindern schließlich erklären, daß kein Zusammenleben mehr möglich war, dabei sollte man sich aber vor Anschuldigungen hüten.

Kinder sollten schließlich zu keinen Entscheidungen gezwungen werden; aber auch nach der Trennung sollte es Kontakt zwischen den Eltern geben. Kinder sollten das Gefühl haben, daß sie Vater *und* Mutter haben, daß beide zu ihnen halten und daß sie mit beiden in ihrem alten Bekanntenkreis auftreten können. Vor allem sollten Kinder nicht in Streitigkeiten oder in den juristischen Briefwechsel hineingezogen werden, sie sollten von den Problemen der Eltern, die diese untereinander haben, verschont bleiben; auch Ängste sollten nicht auf die Kinder übertragen werden. Am besten ist, wenn die Kinder auch weiterhin ganz normal behandelt werden und, so gut es geht, in der gewohnten Umgebung verbleiben können.«

Frau Sch. wurde die Frage gestellt:
»Was müßte geschehen, damit die Kinder möglichst wenig durch Trennung und Scheidung ihrer Eltern belastet werden?«

Sie stellte ihre Meinung so dar:

»Die Erwachsenen müssen lernen, daß ihre Vorstellungen vom Ablauf der Besuchszeiten und Tagesablauf nicht immer denen des Kindes in seiner augenblicklichen Situation entsprechen. Was für den Erwachsenen logisch und gefühlsmäßig richtig erscheint, ist nicht immer gut für das Kind oder wird von ihm oft ganz anders gedeutet und empfunden.

- Das Kind sollte beobachtet werden, es sollte mit ihm geredet werden und danach überlegt und gehandelt werden.
- Es sollten Hilfestellungen gegeben werden, zum Beispiel wenn
- das Kind weint: kuscheln, trösten, beruhigen, wenn möglich, genau sagen lassen, was der eigentliche Grund des Weinens ist.

– das Kind überdreht ist:	solange mittoben, bis der emotionale Stau vorbei ist (auch wenn es schwerfällt!)
– das Kind überreagiert (das heißt wenn Nichtigkeiten zum Ärgernis werden):	nicht darauf eingehen, oder: kurze und bündige Zurechtweisung mit Erklärungen; dann ablenken, das heißt lustig sein, basteln, malen usw.
– das Kind einen Elternteil ablehnt, gegen ihn trotzig, aggressiv ist:	sehr bestimmt dem Kind klarmachen, daß solche Verhaltensweisen nicht akzeptiert werden. Wenn nötig: erst austoben lassen (zum Beispiel »Geh in dein Zimmer. Wenn du dich beruhigt hast, reden wir darüber.«).

Hilfestellungen sollten bei dem Beginn der notwendigen Neuorientierung gegeben werden. Also zum Beginn eines nächsten Lebensabschnittes. Für mich heißt das: Dem Kind helfen, ein eigenständiges Leben zu führen, auf der Basis gegenseitiger Liebe, Vertrauen, Ehrlichkeit, Hilfe und zunehmender Entscheidungsfreiheit.

Beispiele:

– Was das Kind selbst kann, es auch machen lassen, wie: Anziehen, Ausziehen, Zähneputzen, Einkaufen, Telefonieren usw., Aufforderungen, ihm etwas abzunehmen (weil es bequemer ist), ablehnen.
– Das Kinderzimmer gehört dem Kind. Es bestimmt, wie es eingeräumt wird, es ist für Spielsachen und für Ordnung verantwortlich.
– Abstand zur Mutter – Kindergarten. Das Kind muß sich selbst darum kümmern, ob seine Freunde, Freundinnen zu ihm kommen oder es zu ihnen. Ich finde es gut, den Bekanntenkreis zu erweitern und das Kind auch weiter weg zum Spielen zu fahren.

- Viele gemeinsame »Unternehmungen«, z. B. Kochen, Durchführung von Reparaturen im Haus, Radltouren, Besuche. Das Kind geht mit zu Veranstaltungen. Wir musizieren und malen zusammen. Wir entscheiden gemeinsam, was getan werden muß.
- Ich mische mich nicht in Streitereien zwischen Kindern ein. Petzen gilt nicht. Das Kind muß sich selber wehren, sich in einer Kindergruppe zurechtfinden. Die Kinder wissen, daß sich ihre Eltern miteinander verständigen können.

Unser Kind entscheidet, wie die Besuchswochenenden ablaufen sollen und spricht es mit beiden Eltern ab.

Einige Hilfestellungen:

- Nicht immer wieder: »Ich liebe dich, ich habe Sehnsucht nach dir, ich bin so alleine, wann kann ich dich sehen?« Das bricht immer wieder alte Wunden auf (Weinen, Trauer) und macht dem Kind die Situation zwischen den Eltern um so bewußter! Warum nicht einfach wechselseitig Erlebtes erzählen?
- Kein Versuch, sich mit Geschenken, zu großer Nachgiebigkeit in Erinnerung zu bringen. Aber auch keine zu große Strenge, zu viele Direktiven.
- »Scheidungskinder« müssen lernen, ungerechte Behandlungen verkraften zu können. Kritik vom Kind wird angenommen und darüber gesprochen. Ist ein Fehlverhalten passiert, dann entschuldigen. Das gilt für Eltern und Kind.
- Streß im Alltag vermeiden. Regelmäßigkeiten einbauen wie: Essenszeiten, Schlafenszeit, Besuchszeiten des getrenntlebenden Elternteils. Nach Kindergarten und Schule und am Abend gehört eine Stunde dem Kind und der Mutter zum Spielen, Malen usw., sich gegenseitig mitteilen.

Eines ist wichtig, aber von uns bei weitem noch nicht gelöst: Weil die Eltern nicht miteinander klarkommen, sich nicht mehr verstehen, steht das Kind zwischen beiden Eltern. Gibt es eine Möglichkeit, diesen Teufelskreis aufzubrechen? Eventuell durch das Finden einer gemeinsamen neuen Kontakt-Basis zwischen den Eltern. Diese könnte heißen:

Jeder hat das Gefühl, daß der andere seine Person und Persönlichkeit wieder achtet, ihm zuhört, versucht, die Argumente aufzunehmen, nachdenkt und dann selbst dazu Stellung nimmt. Feedback (Rückkoppelung) ist unbedingt notwendig; es ist wichtig, gleichberechtigte Partner zu sein; die Zeit wird zeigen, ob Gesagtes auch genauso umgesetzt wird.

Zum Beispiel:

- ob Scheinwelten, Lügen usw. nicht mehr vorhanden sind;
- ob nicht wieder Selbstverwirklichung auf Kosten anderer stattfindet;
- ob Schablonendenken (Rollendenken) abgebaut werden kann.

Aber dazu muß man sich erst einmal dem Partner und dem Kind so zu erkennen geben, wie man wirklich ist. Spontaneität, Emotionen müssen erlaubt sein und sind notwendig (nicht: ich will jede Situation unter meiner Kontrolle haben. Bestimmte Gefühle erlaube ich mir nicht mehr. Ich höre erst einmal zu . . ., aber die Rückmeldung der persönlichen Stellungnahme unterbleibt).«

Frau Sch. wurde weiterhin gefragt, was nach ihrer Meinung geschehen müsse, damit Erwachsene, die sich scheiden lassen wollen, selbst die Probleme der Trennung besser bewältigen können.

Ihre Antwort:

- Miteinander reden – intensiv und schonungslos offen, um die Gründe für das Scheitern der Ehe für beide deutlich werden zu lassen. Aber es ist schwer, die Barriere des Schweigens, das Weglaufen des Partners zu durchbrechen. Reden heißt außerdem noch nicht diskutieren.

Dazu gehören zwei (mindestens!). Wochen-, monate- oder jahrelange Monologe bringen mir wenig.

- Schluß mit Diskussionen, wenn sie beginnen, sich totzulaufen. Hilfe suchen bei anderen Personen. Aber sicher ist eines: Freunde, Eltern und andere Vertraute sind parteiisch. Hilfestellung (mit Aufzeigen von möglichen Wegen) wird effektiv nur durch eine kompetente, neutrale Beobachtungspersönlichkeit angeboten und angenommen.

- Wegschieben, Wegreden eigenen Fehlverhaltens bringen den Betreffenden in seiner persönlichen Bewältigung der Trennungssituation nicht weiter.
Beispiele: »Ich meine das heute so« oder »Ich war damals dieser Ansicht.«

- Positivumschreibungen des eigenen Fehlverhaltens: z. B. »Ihr wart für meine Entwicklung zu mir selbst notwendig. Deshalb sind wir ein Stück Weg gemeinsam gegangen. Jetzt brauche ich euch nicht mehr.«

- Diskrepanz zwischen Wort und Tat sollte vermieden werden, zum Beispiel »Sicher habe ich das einmal gesagt, versprochen. Aber die Situation hat sich geändert. Meine Entwicklung ist von der Familie weggegangen. – Ich verspreche nichts mehr . . .«

- Lügen, Ausreden, Aufbau von Scheinwelten sofort aufdecken.

- Sich von der eigenen Betroffenheit nicht einhüllen, geistig einschläfern lassen.

Die Folge davon ist:

Die Gedanken des anderen kommen nicht mehr an. Man sieht vom Gegenüber nur noch Negatives.
Je höher der Wille ist, die Situation in den Griff zu bekommen, desto weniger Kurzschlußhandlungen treten auf.
Solche Kurzschlußhandlungen sind für mich gegenseitige Beschimpfungen, die dem anderen jegliche guten Absichten oder auch persönlichen Fähigkeiten absprechen, seine

Person und Persönlichkeit abwerten, juristische Schritte einleiten, über die Gefühle anderer Menschen »herziehen«.

Lösungen:

- Den eigenen Willen nicht mit Gewalt durchsetzen wollen, egal um welchen Preis, sondern Geduld üben (kann man auch lernen), beobachten, reden, handeln.
- Der Standpunkt »weil ich perfekt bin, kann/muß ich den anderen belehren, ihn korrigieren, bin ich derjenige, der auch die richtigen (weil besseren) Vorschläge zur Lösung von Problemen macht« bringt keinen weiter.
- Introspektion, Suche, Erkennen eigenen Fehlverhaltens muß auch mal ein Ende haben.
- Das Bewußtsein, daß Trauer, Leiden, Verletztsein zum menschlichen Leben gehören, läßt emotionale Spannungen und Tiefen besser durchstehen.

Wie kann die Bindung zwischen Kindern und Eltern auch nach einer Trennung bestehen bleiben?

Damit Kinder aus geschiedenen Ehen die Möglichkeit bekommen, weiterhin ihre Bindungen zu beiden Eltern zu pflegen, sind vor allem folgende Voraussetzungen notwendig:

- Psychischer Vollzug der Trennung
- Verbale Verläßlichkeit
- Emotionale Aufrichtigkeit
- Verständnis für die Gefühle von Kindern
- Berücksichtigung des individuellen Entwicklungsverlaufes
- Positive Zumutbarkeit
- Selbstkritisches Hinterfragen eigener Beobachtungen und Beurteilungen
- Positives Denken.

Die bisherigen Ausführungen haben deutlich gemacht, wie wichtig die psychische Bewältigung der Trennung für alle weiteren Lebensfragen ist. Ohne diese Voraussetzung lassen sich keine wirtschaftlichen, sozialen oder beruflichen Probleme im Zusammenhang mit Scheidung und Trennung lösen, erst recht nicht Probleme, die sich aus der Regelung der Beziehungen der gemeinsamen Kinder zu den getrenntlebenden Eltern ergeben. Die Bewältigung einer Scheidung ist ohne psychische Schwerarbeit normalerweise nicht möglich. Die Prozesse der Trennungsarbeit werden durch die Analyse von Ängsten, Aggressionen, Projektionen und Widerständen in Gang gesetzt, starke Emotionen von Trauer und Hilflosigkeit sind die Begleiter auf diesem Weg; wer Glück hat, hat auf diesem Weg einen guten hilfreichen Begleiter. Hat man geraume Zeit mit dieser Trauerarbeit verbracht, werden die seelischen Probleme langsam kleiner, Zuversicht und Hoffnung steigen, vitale Kraft kehrt zurück und positive Gedanken an die Zukunft überwiegen.

Viele nehmen solche Mühe aber nicht auf sich oder bleiben auf dem alten Weg stecken oder flüchten gar in Irrwege.

Ein Beispiel:

> Nachdem Sabines Vater ausgezogen war, zogen sich die Mutter und Sabine zurück und lebten innerhalb ihrer Wohnung wie verschanzt. Vorsichtig und fürsorglich war die Mutter nun bemüht, daß Sabine nichts zustoße, daß es ihr gut gehe, sie keine Ängste habe und keiner Gefahr ausgeliefert sei. Wenn Sabine von der Schule kam, wartete die Mutter schon sehnsüchtig am Fenster auf sie. Sie sah es nicht gern, wenn ihre Tochter Freundinnen besuchte oder einlud. Die Mutter war eine Symbiose eingegangen mit ihrem Kind, das nunmehr schon acht Jahre alt war und wie in einer Nußschale lebte, umgeben von vermeintlichen Stürmen und kalten Winden, im Rückzug vor der Außenwelt.

Die Mutter hatte große Schwierigkeiten zuzustimmen, daß Sabine auch den Kontakt zu ihrem Vater pflegen könne. Zwischen den Gefühlen zu ihrem Vater und den Besorgnissen ihrer Mutter befand sie sich in einem argen emotionalen Zwiespalt.

Die Ursachen für solche Entwicklungen liegen meist weit zurück und haben bereits während der äußerlich funktionierenden Partnerschaft erhebliche Probleme bereitet.

Weil die Mutter weit mehr Gefühle in ihr Kind investierte, litten zunehmend die Partnerschaft und der eheliche Kontakt. Die Kritik des Ehemannes verstärkte diesen Prozeß, bis die damit verbundenen Schwierigkeiten schließlich zur Trennung führten.

Die Trennung selbst verstärkte in unheilvoller Weise genau denselben zerstörerischen Prozeß. Einen solchen Prozeß aufzulösen, ist ohne Hilfe, Geduld und Zeit nicht möglich.

Verbale Verläßlichkeit

In den seltensten Fällen geben Eltern zu, daß sie negative Bemerkungen über den Getrenntlebenden dem Kind gegenüber machen. Die Analyse von Kinderäußerungen und direkten Beobachtungen zeigt jedoch oft das Gegenteil. Es ist auch nachvollziehbar, daß das Unerträgliche, Leidvolle und Negative, das zur Trennung und zum Scheitern einer Ehe geführt hat, nicht gerade ins positive Licht gerückt wird. Auch wenn in manchen Fällen negative Äußerungen verbaler Art vermieden werden, wird oft deutlich, daß die Eltern durch nichtsprachliche Zeichen immer wieder ihrem Kind verdeutlichen, was sie über den anderen Elternteil denken. Das geschieht etwa dadurch, daß, wenn Kinder von dem anderen Elternteil reden, mimische Begleitäußerungen des Zuhörers das Gesagte bewerten, negativ kommentieren oder durch Mißachtung quittieren. Solche Prozesse werden auch offenbar, wenn das Kind spürt, daß der getrenntlebende Elternteil eisern verschwiegen, seine Existenz sozusagen verleugnet wird. Keine Kommunikation ist aber auch eine Kommunikation.

Die Art, wie Äußerungen mimisch und gestisch begleitet werden, sagt etwas über die Beziehung zwischen Menschen aus.

Insbesondere *Watzlawik* hat auf die wichtige Unterscheidung zwischen Inhalts- und Beziehungsaspekten von Kommunikations- und Beziehungsstruktur hingewiesen. Alle Inhalte, die jemand über einen anderen erzählt, sind davon abhängig, in welchem Beziehungskontext er diese Schilderungen einordnet. Dies geschieht durch entsprechende nonverbale begleitende Gesten, Verhaltensweisen und Zeichen.

Kinder haben ein besonderes Gespür dafür, Widersprüche im Kommunikationsablauf und in der Beziehungsstruktur zwischen Eltern zu entschlüsseln. Dies geht oftmals soweit, daß sie selbst die Beziehung zwischen beiden Eltern verbal interpretieren, obwohl darüber nicht ausdrücklich gesprochen wurde.

So erzählen manche Kinder, der eine Elternteil habe sich negativ über den anderen geäußert, obwohl es dafür keine direkten Hinweise gibt. Lediglich aus der Art der nichtsprachlichen Begleitung und des Kontaktverlaufes leiten sie solche Schlüsse ab und liegen damit nicht ganz falsch. Weil der Körper nicht lügt und Gesten und nichtsprachliche Begleitzeichen mehr über die Art der Beziehung ausdrücken, bekommen die Kinder direktere Hinweise über den anderen Elternteil, als es durch direkte verbale Äußerungen möglich ist.

Eltern, die solche Prozesse mißachten oder sich damit nicht beschäftigt haben, beschuldigen daraufhin fälschlicherweise den anderen Elternteil, er habe dieses oder jenes Negative über ihn behauptet, weil das Kind das eben erzählt habe. So entwickelt sich ein Streit nach dem anderen, ein Konflikt zieht einen größeren nach sich.

Kommt dann noch eine suggestive Erwartungseinstellung hinzu, die Kinder ebenfalls sehr sensitiv erkennen können, etwa in der Weise, daß ein Elternteil es erwünscht oder darauf wartet, daß ihr Kind vom anderen negativ beeinflußt wird, dann entwickelt sich ein gefährliches Spiel mit negativem und zersetzendem Inhalt.

Eltern sollten sich bemühen, weder durch sprachliche noch durch nichtsprachliche Zeichen negative Inhalte in den Beziehungen über den anderen dem gemeinsamen Kind zu übermitteln.

Dem Bedürfnis nach Ehrlichkeit steht oft das Bemühen entgegen, dem Kind nicht zusätzliche Belastungen zuzumuten. Auf der einen Seite steht der Spruch: »Wessen Herz voll ist, dem geht der Mund über«; auf der anderen Seite gilt: »Wer Haß sät, wird auch Haß ernten.«

Zwischen beiden Sätzen ist nur eine schmale Gratwanderung möglich, deren Richtung und Orientierung jeweils der einzelne für sich selbst zu entscheiden hat.

Umgekehrt beobachtet man, daß Kinder gute Lehrmeister sind. Sie erzählen gern auch dem anderen Elternteil, was sie Gutes beim anderen erlebt und erfahren haben. Einem guten Zuhörer wird dadurch auch die Möglichkeit geöffnet dazuzulernen, negative Bilder zu korrigieren und Belastungen abzubauen. Fängt ein Partner an, auch positive Ansätze beim geschiedenen Partner zu erkennen, dann ist der Weg nicht weit, daß Respekt und Zuversicht zurückkehren. Am Ende sollten sich die Eltern gemeinsam verpflichtet fühlen, an einer positiven Entwicklung ihres Kindes mitzuwirken. Schließlich gibt es keine Scheidung in bezug auf die Elternschaft ihres gemeinsamen Kindes. Auch hier gilt, daß Gutes nur durch Gutes hervorgebracht wird.

Ein Beispiel:

Empört berichtete Frau Beer, ihr geschiedener Mann habe beim letzten Besuchstag ihres Jungen ganz abscheuliche Bemerkungen über sie gemacht. Der Familienpsychologe erkundigte sich genauer, notierte Einzelheiten und beobachtete dabei, daß die Entrüstung und Empörung im Laufe der Zeit abebbte. Schließlich kam die Empörte selbst auf den Gedanken, daß man derlei Äußerungen nicht überbewerten solle. Sie schilderte dann auch, was der Junge ansonsten noch an angenehmen und erfreulichen Dingen beim Vater erlebt hat. Der Familienpsychologe, der diese Besorgnisse ernst nahm, schlug vor, er wolle sich bei Ralfs Vater erkundigen, was im einzelnen geschehen sei. Bei diesem Gespräch kam zum Vorschein, daß der Vater sich tatsächlich an eine wenig positive Bemerkung erinnerte, die er im gemeinsamen Spiel mit Ralf fallenließ. Er habe aber weder bewußt noch unbewußt derartige Bemerkungen gebraucht. Diese Rückmeldung konnte die Mutter einordnen und beruhigen. Das Ergebnis war, daß sich die Eltern bereit erklärten, bei derlei Situationen miteinander zu telefonieren und, wenn die Schwierigkeiten nicht beseitigt werden können, mit dem Familienpsychologen in Kontakt zu treten. Dieser hatte die Bereitschaft hierzu erklärt. Nachdem mehrere Monate kein Anruf kam, erkundigte er sich und erfuhr, daß seitdem die Besuchskontakte für alle Beteiligten reibungslos verlaufen seien.

Emotionale Aufrichtigkeit

Bei Trennungen oder Scheidungen spielen Gefühle eine große Rolle. Von dem, was man geliebt und bewundert hat, muß man sich nun schmerzlich trennen, was einem vertraut geworden ist, muß nun zum Fremden werden, was nahe war, soll in die Ferne rücken. Wo Liebe war, kehrt oft Haß ein, wo Vertrauen war, Mißtrauen, wo Solidarität war, besteht nun oft Kampf des einen gegen den anderen. Große Konflikte und starke Emotionen bei der Trennung und Scheidung sind nichts Außergewöhnliches. Im Gegenteil, erst bei starken Konflikten zeigt sich, daß auch große Gefühle eine Rolle gespielt haben. Wo das nicht der Fall ist, waren entweder die Gefühle nicht echt oder gar nicht vorhanden.

Emotionale Aufrichtigkeit, die den Kindern helfen soll, mit getrenntlebenden Eltern intakte Beziehungen zu pflegen, bedeutet, daß kein Elternteil gezwungen wird, Gefühle zu äußern, die er nicht hat. Was sollen aber Eltern tun, die gegen den Geschiedenen oder Getrenntlebenden nur Haß und Abneigung empfinden, jedoch dem Kind nicht schaden wollen, seine Beziehung zum anderen Elternteil intakt zu halten?

Beide Ziele scheinen eher einer Aporie, einer unheilvollen Ausweglosigkeit zuzustreben. Diese Ausweglosigkeit gibt es in der Tat, und psychologische Untersuchungen zeigen das oftmals. Dies ist etwa dann der Fall, wenn sich ein Partner verletzt, verstoßen, hintergangen und unmenschlich behandelt fühlte und nun nach der Trennung alles ganz anders darstellen soll, um dem Kind nur ja nicht Schaden zuzufügen oder seine Beziehung zum anderen Elternteil nicht zu belasten.

Eltern, die dieses Problem nicht zudecken wollen, sondern als einen problematischen Punkt in ihrem psychischen Haushalt erkennen, haben den halben Weg durchschritten, ein solches Dilemma auch zu ertragen, was wiederum die Voraussetzung ist, eine gute Lösung dafür zu finden. Oft besteht die konstruktivste aller Lösungsmöglichkeiten eben darin, daß man auf dem Weg zu einer Lösung nur halbwegs weiterkommt und das Ziel aber in weiter Ferne bleibt.

Eltern, die solche Diskrepanzen und Widersprüchlichkeiten ertragen können, haben Zugang zu menschlichen Werten wie Rücksicht, Vernunft und Respekt vor der menschlichen Würde, auch dem Partner gegenüber, selbst wenn er viele Fehler gemacht hat.

Nichts anderes meint eine Grundaussage der Anthropologie, die besagt, daß es in eine Ausweglosigkeit mündet, wenn man klären will, ob und wann ein Mensch über den anderen zu richten in der Lage ist. Hinter allen Versuchen, Recht zu haben, sollte das Bemühen stehen, zu verstehen, zu verzeihen und Mitleid zu haben.

Verständnis für die Gefühle von Kindern

Zahlreiche Probleme in der Gestaltung positiver Kontakte zwischen Kindern und getrenntlebenden Eltern entstehen dadurch, daß Erwachsene ihre Gefühle auf Kinder übertragen. Sie verallgemeinern, was Kinder nur für begrenzte Einschätzungen gelten lassen wollen, sie verabsolutieren, was Kinder oftmals nur spontan äußern, sie messen das, was Kinder denken, mit den logischen und abstrakten Denkkategorien der Erwachsenen.

Kinder fühlen sehr konkreter, spontaner und wirklicher als es Erwachsenen möglich ist.

Noch bedeutungsvoller jedoch ist, daß Kinder auch Beziehungen pflegen können, die Erwachsenen widersprüchlich erscheinen.

Ein Beispiel:

> Yvonne sollte hinsichtlich ihrer Beziehungen zu ihren beiden Eltern durch einen psychologischen Sachverständigen untersucht werden. Obwohl sie sieben Jahre alt war, war keine deutliche Aussage von ihr zu erhalten; je nach Situation oder Anwesenheit des einen Elternteils äußerte sie jeweils den entsprechenden Erwartungen gemäß, sie würde den Vater oder die Mutter lieber haben, bei ihm oder bei ihr wohnen bleiben oder in diesem oder im anderen Ort zur Schule gehen, Freundschaften pflegen und von dort aus den anderen besuchen wollen.

> Je länger die Untersuchung dauerte, desto stärker spürte Yvonne auch die Erwartungen beider Eltern, die nichts unversucht ließen, bewußt und unbewußt Yvonne für ihre Entscheidung, die sie als richtig einschätzten, zu gewinnen. Die Gefühle des Kindes gerieten immer mehr in die Situation der Ausweglosigkeit.

> Eine Anhörung beim Familienrichter machte diese Ausweglosigkeit deutlich. Auf Vorschlag des psychologischen Sachverständigen wurde vereinbart, daß vorläufig für vier Monate keine weitere Entscheidung durch das Gericht gefällt und von Yvonne auch keine abverlangt werden sollte. Die Eltern waren schließlich bereit, Vereinbarungen zu treffen, die im wesentlichen darauf hinausliefen, daß Yvonne Zeit und Raum erhielt, ihren Gefühlen entsprechend selbst ihre Beziehungen zu ordnen und zu stabilisieren. Mit einem

solchen Freiraum ging das Kind gut um. Yvonne entwickelte wieder ihre ursprüngliche Fröhlichkeit und Spontaneität, ihre Gefühle mußte sie nicht immer neueren Kalküls unterziehen, und dies alles brachte ihr Zuwachs in ihrem kindlichen Selbstbewußtsein. Beide Eltern, die diesen Prozeß mit beobachteten, waren schließlich bereit, einer gemeinsamen Ausübung der elterlichen Sorge zuzustimmen. Auch ein weiterer Beobachtungszeitraum von sechs Monaten verlief positiv.

In diesem günstigen Fahrtwind ließen sich auch andere, wirtschaftliche Probleme zwischen den ehemals sehr zerstrittenen Eltern lösen.

Emotionale Aufrichtigkeit heißt nicht nur, Gefühle der Zuwendung und Zuneigung zu äußern, sondern auch Gefühle der Ablehnung und Abwehr zu tolerieren. Erst beides bildet die Grundlage mitmenschlichen Respekts und Anerkennung. Sie ist die Voraussetzung zu menschlicher Reife und persönlicher Stärke. Kinder, die Trennungssituationen ihrer Eltern zu bewältigen haben, sollten nicht wie in Watte getaucht vor der Realität geschützt werden; so werden sie nicht im besten Sinne auf das Leben vorbereitet. Emotionale Aufrichtigkeit kann zwar verletzen, doch sie alleine bildet die Voraussetzung zu menschlicher Reife.

Berücksichtigung des individuellen Entwicklungsverlaufes

Betrachtet man die Entwicklung von Kindern und Jugendlichen, stellt man fest, daß die Entwicklung insgesamt nach gewissen Gesetzmäßigkeiten verläuft. Die entwicklungspsychologische Forschung hat mit unterschiedlichen Modellen und Begriffen immer neu versucht, solche Entwicklungslinien und gesetzmäßigen Abläufe vom Säugling bis zum Erwachsenen zu beschreiben. Im folgenden sollen grundsätzliche Merkmale dieses Entwicklungsgeschehens aufgezählt werden. Anbei orientieren wir uns an *Schenk-Danzinger.*

Die Entwicklung des Kindes läßt sich als Differenzierung beziehungsweise als Gliederung in Details beschreiben. Man denke an die zunehmende Fächerung der sozialen Beziehungen eines Kindes (Beziehung zur Mutter, zur Familie, zu Freunden und Schulkameraden). Ähnliche Differenzierungen lassen sich auch anhand von Kinderzeichnungen, motorischen Abläufen und Sprachverwendungen nachweisen.

Bei Fragen, die den Kontakt von Kindern zu getrenntlebenden Eltern betreffen, ist deshalb die Frage von großer Bedeutung, in welcher Weise und auf welchem Niveau Kinder ihre Gefühlsbindungen und sozialen Beziehungen bereits ausgefächert haben. Erst auf einer derartigen Analyse sind Vorschläge abzuleiten, die die Art und Intensität der Kontakte betreffen.

Ein Beispiel:

Oliver, 16 Monate alt, orientierte sich in seinem Verhalten sehr an dem, was seine Mutter tat und ihm vorschlug. Weil kein anderes Geschwister da war, gestaltete sich die Beziehung zwischen Mutter und Kind besonders eng. Noch enger wurde sie, nachdem der Vater ausgezogen war. Der Vater wollte schließlich mit Hilfe des Familiengerichts erreichen, daß er den Kontakt mit seinem Sohn pflegen könne. Die ersten Interaktionsbeobachtungen zeigten bereits, daß nach nur wenigen Wochen der Kontakt zwischen Oliver und seinem Vater kaum sichtbar war. Der Vater wollte aber unbedingt erreichen, mit dem Jungen, wie früher auch, ein gemeinsames Wochenende zu verbringen, und forderte diesbezüglich von seiner Frau Unterstützung und entschiedenes Verhalten. Es zeigte sich aber, daß Oliver durch solche Wechselbäder überfordert wäre.

Integration

Die motorischen, sprachlichen, geistigen, sozialen und emotionalen Differenzierungen im Verlauf der Entwicklung stehen im

Zusammenhang mit einer Integration auf einer immer komplexeren Stufe. Im Rollenspiel etwa kann ein Kind zum Beispiel in zunehmendem Maße differenziertere Rollen übernehmen und andererseits in einen immer komplexeren spielerischen Zusammenhang integrieren. Dasselbe gilt auch für sein geistiges Niveau. Im Laufe seiner Entwicklung wird ein Kind in zunehmendem Maße fähig, mehrere konkrete Erfahrungen zusammenzuziehen und unter einen Oberbegriff zu stellen.

Für Kinder in jungem Alter bildet die Einheit von Vater, Mutter und Kindern ein Schema, das hilft, soziale, emotionale und andere Erfahrungen zu integrieren. Wenn die Eltern sich trennen, wird es für ein Kind dadurch etwas schwieriger, diese integrativen Schemata für soziale und emotionale Erfahrungen zu entwickeln. So kann man etwa auch bei Vätern beobachten, die oft über Wochen als Fernfahrer unterwegs oder auf Montage sind und erst nach größeren zeitlichen Abständen zur Familie zurückkehren, daß die Kinder Schwierigkeiten haben, die gewohnte Vertrautheit gegenüber dem oft längere Zeit abwesenden Vater zu entwickeln. Auf dabei auftretende Gefühlszustände wie Scheu, Unausgeglichenheit und Heftigkeit sollte in besonderer Weise Rücksicht genommen werden. Ähnliches gilt auch insbesondere bei Kleinkindern, die nach größeren zeitlichen Abständen Kontakt mit dem anderen Elternteil haben.

Zielgerichtetheit

Handlungen kleinerer Kinder sind nach dem Prinzip von »Versuch und Irrtum« angelegt.

Dies führt zu einem großen Überschuß von motorischen, geistigen und anderen Aktivitäten. Allmählich gewinnt das Handeln des Kindes mehr Zielgerichtetheit, wird stärker von Überlegungen und Plänen geleitet und orientiert sich an gedanklichen Ordnungen. Statt des »Versuch- und Irrtum-Lernens« wird das eigentliche Denken als Probehandeln zunehmend wichtiger. Das Verhalten wird dadurch »effektiver«.

Bei Kindern, die bei Sorgerechtsentscheidungen oder bei der Ausgestaltung der Kontakte zu getrenntlebenden Eltern befragt und psychologisch untersucht werden, stellt man oftmals fest, daß sich die Kinder nicht entscheiden können. Sie verfahren nach dem Prinzip »Versuch und Irrtum« und nicht nach Prinzipien von Zielgerichtetheit und gedanklichen Orientierungen. Das ist für Kinder besonders bis zum siebenten Lebensjahr nichts Außergewöhnliches.

Eltern sollten auch in den frühen Lebensjahren ihrer Kinder besonders in bezug auf die Ausgestaltung von Kontakten auf solche entwicklungspsychologische Aspekte Rücksicht nehmen und ihrem Kind Spielraum geben, durch probierendes Verhalten selbst herauszufinden, wie es die Kontakte zu den beiden Elternteilen gestalten will. Noch entschiedener gilt das für ältere Kinder.

Irreversibilität und Verfestigung der Entwicklungsschritte

Eine Tatsache, die dem Pädagogen die Bedeutung seiner Arbeit und die Wirkung erzieherischer Bemühungen immer wieder vor Augen führt, liegt in der Nicht-Umkehrbarkeit (Irreversibilität) und zunehmenden Verfestigung der Entwicklungsschritte. Die Entwicklungsschritte verlaufen zumeist in einer nicht umkehrbaren Aufeinanderfolge.

Erfahrungen, die bis zu einem gegebenen Zeitpunkt nicht gemacht worden sind, können meist nicht nachgeholt werden.

Ein besonders bedeutsames Beispiel für das Prinzip der Verfestigung der Entwicklungsschritte stellt das Grundvertrauen dar. Es entsteht durch das ständige Erlebnis einer festen, intakten und stabilen Beziehung zu einer Bezugsperson. Sie bringt eine Vertrauensüberzeugung mit sich, die sich auf das ganze Leben auswirkt und als Grundoptimismus oder umgekehrt auch als Grundpessimismus immer wieder Verhaltensweisen und Gefühle beeinflußt. Deshalb sollte große Aufmerksamkeit auf Entscheidungen gelegt werden, die das Wohl der Kinder besonders in den frühen Lebensjahren betreffen, insbesondere Fragen der elterlichen Sorge, des Kontaktes zu beiden Eltern und die Bewältigung der damit zusammenhängenden Erfahrungen.

Ich-Werdung

Wahrnehmungen und Empfindungen des Kleinkindes werden erst allmählich als zum Ich gehörend erlebt. Ähnliches geschieht bei Unterscheidung zwischen eigener Individualität und Bezugspersonen. Während das Kleinkind noch geringe oder keine Differenzierung zwischen Innen- und Außenwelt kennt, gewinnt das Kind im Laufe seiner Entwicklung zunehmend die Fähigkeit, nicht nur »ich« zu sagen oder »ich« zu denken, sondern auch als selbständiges Individuum zu entscheiden und zu handeln. Noch vor wenigen Jahren war die Auffassung verbreitet, Kinder würden erst in späteren Jahren die notwendige Reife haben, über sich selbst Auskünfte zu geben, Entscheidungen zu treffen oder Gefühlsorientierungen zu äußern. Aus der Berücksichtigung grundlegender Entwicklungslinien zeigt sich aber, daß Kinder schon mit Beginn des Kindergartenalters über sich selbst Erfahrungswissen sammeln und der sozialen Umwelt mitteilen. Solche Äußerungen über sich selbst sollten besonders bei Fragen eine Rolle spielen, die den Kontakt eines Kindes zu seiner Umwelt betreffen. Sehr hilfreich für die Analyse kindlicher Entwicklungsverläufe und dementsprechender sprachlicher Äußerungen und geistiger Produktionen sind die Entwicklungsbefunde von Jean *Piaget.*

Piaget unterscheidet insbesondere bei der Entwicklung der kindlichen Intelligenz fünf Etappen:

Die sensomotorische Intelligenz, das vorbegrifflich, symbolische Denken, das anschauliche Denken, die konkreten Operationen und die formalen Operationen. Die sensomotorische Intelligenz bildet sich aus der vorintelligenten Form der Anpassung, Reflexe, Reiz-Reaktionskoppelungen und intensionalen Handlungen und bildet selbst die Vorstufe für höhere Formen der Intelligenz. Durch Übung, durch Gewohnheiten, Koordination des Sehschemas und des Greifschemas sowie durch aktives Experimentieren kommt das Kind schließlich dazu, mit 18 bis 20 Monaten vom äußeren Experimentieren und Probieren zum verinnerlichten Handeln voranzuschreiten. Im vorbegrifflichen Denken (von zwei bis sieben Jahren) durchschreitet das Kind eine entscheidende Entwicklungsphase des Denkens. Vorwiegend im Verlauf innerer Wahrnehmungsprozesse entwickeln Kinder dann Vorstellungen begrifflicher Art über soziale und andere Zusammenhänge. Denken wird zunehmend unabhängig von der Wahrnehmung. Eine Trennung von aktueller Tätigkeit und geistig vorgestellten Abläufen wird dadurch möglich. So vermag das Kind zunehmend zwischen Symbolen und realen Objekten zu unterscheiden. Dieses ist nicht nur die Voraussetzung für den systematischen Erwerb von Sprache, sondern es ist insbesondere auch wichtig für eine Entwicklung von Vorstellung und Realität in bezug auf die Beziehung der Kinder zu ihren Eltern und anderen Bezugspersonen. Die Symbolfunktion, die die Kinder in diesem Alter erkennen können, zeigt sich auch in ihren Spielen. Besonders in diesem Alter bedient sich der psychologische Sachverständige einer Reihe von Symbolen, die die Wirklichkeit des Kindes repräsentieren können. Besonders in diesem Alter ist der Zusammenhang zwischen Symbol und dem, was es darstellt, noch sehr eng und deshalb für psychologische Untersuchungen sehr brauchbar. Erst allmählich wird das Kind fähig, von konkreten zu formalen Operationen und theoretischen begrifflichen Abstraktionen überzugehen.

Ähnlich hilfreich für die Analyse unterschiedlicher Verhaltensweisen von Kindern ist die Entwicklung des moralischen Bewußtseins bei Kindern. Eines der wichtigen Ergebnisse der emotionalen Beziehungen zwischen einem Kind und seinen Eltern ist die Ausbildung moralischer Urteile und des Gewissens. Dabei ist die Unterscheidung von Heteronomie und Autonomie bei der Beurteilung moralischer Inhalte von besonderer Bedeutung. Zuerst übernimmt ein Kind moralische Beurteilungen dadurch, daß es Weisungen der Bezugspersonen folgt, Befehle ausführt und im Verlauf positiver und anderer Lernprozesse ihnen Gültigkeit für eigenes Verhalten zubilligt. Erst ab dem achten Lebensjahr entwickeln Kinder zunehmend Autonomie in ihrem moralischen Bewußtsein, aber auch in bezug auf ihre emotionalen Einstellungen. Dabei entsteht auch ein deutliches Gefühl von moralischer Verpflichtung, Gerechtigkeit und sozialer Verpflichtung.

Wenn Kinder moralische Beurteilungen abgeben, muß man große Aufmerksamkeit darauf verwenden zu erkennen, ob diese auf einer Stufe der Autonomie oder Heteronomie von Werturteilungen basieren. Indirekt läßt sich daraus auf erzieherische Einflüsse und den Grad der Entwicklung schließen.

Ein Beispiel:

> Marion war sieben Jahre und weigerte sich beharrlich, den Vater zu besuchen. Dabei wiederholte sie immer wieder, der Vater sei bös, er habe mit dem Gewehr gedroht, Fensterscheiben eingeschlagen und Gläser zertrümmert. Die Äußerungen endeten immer mit einer moralischen Einschätzung wie etwa: »Er ist eben ein böser Mensch.« Marion wurde daraufhin gefragt, ob sie sich an etwas erinnern könne, als ihr Vater böse war. Sie berichtete immer wieder von Szenen, die sich zwischen den Eheleuten abgespielt hatten und offenbar sehr heftig und verletzend waren.

> Es zeigte sich, daß die Beurteilungen Marions auf der Stufe einer heteronomen moralischen Einstellung in der Art basierten, daß sie die Einschätzung der Mutter zu ihrer eigenen gemacht hatte. Ab diesem Zeitpunkt war sie nicht nur in der Entwicklung ihres moralischen Bewußtseins blockiert, auch die Beziehung zu ihrem Vater konnte dadurch um keinen Schritt vorwärts kommen.

> Marion mußte reichlich Gelegenheit gegeben werden, ihre Entrüstungen und Enttäuschungen über ihren Vater zum

Ausdruck zu bringen, in darstellende Formen zu kleiden und aus immer wieder anderen Sichtwinkeln zu betrachten. Erst durch diesen Prozeß kam sie dazu, sich selbst ein (moralisches) Urteil über das Verhalten ihres Vaters zu machen und zu trennen zwischen dem, was ihrer Mutter passiert war, und dem, was sie selbst betraf.

In diesem Prozeß mußte Marion auch ein Stück Stärke und Unabhängigkeit ihrer eigenen Mutter gegenüber erkämpfen, was nicht sehr leicht war, aber am Ende dazu führte, daß die Beziehung aller Beteiligten auf eine neue Grundlage gestellt werden konnte, und die Kontakte zunehmend erfolgreicher verliefen.

Die Analyse moralischer Bewertungen von Kindern ist besonders wichtig, weil sie den Schlüssel für gelungene oder mißlungene Kontakte bilden. Auch hier kann die Entwicklungspsychologie Hilfen geben, Verhaltensweisen zu erklären, die sich sonst als Hindernisse auf dem Weg zu gelungenen Kontaktregelungen erweisen.

An einem anderen Beispiel soll dargestellt werden, wie in bezug auf emotionale Bindungen zwischen Eltern und Kindern entwicklungspsychologische Befunde hilfreich sein können:

Herr Antonelli beschwerte sich sehr über seine geschiedene Frau; sie war es nach seiner Meinung, die es geschafft hatte, seine Beziehung zu seiner vierzehnjährigen Tochter zu zerstören. Seine Tochter Guiseppina würde sich wehren, mit ihm zusammen zu sein, wenn er sie einmal zu einem Spaziergang einlade, zeige sich verkrampft, verschlossen, kurz, die jahrelange Nähe und Unbeschwertheit in der Beziehung zwischen Tochter und Vater sei verlorengegangen und die Mutter sei daran schuld. Eine Analyse der Beziehungen und ihre Entwicklung zeigte jedoch, daß Guiseppina nunmehr in einem Alter war, in dem sie sich generell mehr mit sich beschäftigte, Beziehungen zu Bezugspersonen immer mehr aus der Distanz zu erleben anfing, und vor allem bei der Entwicklung ihrer Identität als Frau sehr viel Abstand zu ihrem Vater brauchte. Dies alles war aus der Entwicklung des Kindes und aus der Entwicklungspsychologie her erklärbar und verstehbar.

Dem Vater war dies zu erfahren eine Hilfe. Er konnte von da an mehr Rücksicht darauf nehmen, was seine Tochter in diesem Alter und in dieser Entwicklungsperiode braucht, und lernte Zurückhaltung und Verständnis. Dies hat ihm ermöglicht, einige Monate später wieder einen innigen und positiven Bezug zu seiner Tochter zu errichten, auch wenn dies auf dem Erfahrungshintergrund basierte, daß der Vater nun nicht mehr das kleine Mädchen vor sich hatte, sondern seine heranwachsende Tochter, mit eigenen Gefühlen, Meinungen und Verhaltensweisen.

Ängste, Trotzreaktionen, Abwehr, Verhaltensweisen, Rückzugswünsche von Kindern sind häufig zum großen Teil Resultat innerer entwicklungspsychologischer Verläufe und haben meist nicht direkt mit der Art der Beziehungen zu ihren Eltern zu tun. Oft begehen die Eltern einen Fehler, wenn sie dementsprechende Verhaltensweisen einem anderen unmißverständlich als Verursacher zuschreiben und dadurch die Situation nicht verbessern, sondern verschlechtern. Am Ende kommt es zu wechselseitigen Schuldzuweisungen, die nur Spannung erzeugen und das Verhalten verfestigen, das sie eigentlich ändern wollten.

Positives Denken

Positives Denken ist lernbar, ohne Übung aber geht es verloren. Gerade bei Eltern, die Trennung und Scheidung hinter sich und dabei eine Vielzahl negativer Erfahrung gemacht haben, ist es verständlich, daß negative Gedanken und Erwartungen überwiegen. Konsequenterweise werden dann auch die Beziehungen, die das Kind und ein Elternteil betreffen, in ein negatives Licht gerückt. Bei vielen Erwachsenen führen solche Gedankengänge allerdings in ein finsteres Tal, durch dessen düsteres Licht die Wahrnehmungen, die Gedanken, die Gefühle und die sozialen Beziehungen verdunkelt werden.

Kinder werden mit negativen Erfahrungen eher fertig, können schneller positive Änderungen nachvollziehen und lassen schneller Hoffnung entstehen als Erwachsene. Erwachsene sollten lernen, Hilfen ausfindig zu machen, die es ihnen ermöglichen, vom negativen Denken wegzukommen und das Positive, Aufbauende und Wachsende zu akzeptieren. Ohne diese Einstellung wird es keine innere Ruhe und keinen Frieden in bezug auf soziale Beziehungen geben. Zum positiven Denken verhelfen auch gute Gedanken, Sätze mit summierter Lebenserfahrung, Stützen für neue Wahrnehmungsorientierungen, Anreize zu positiver Lebensgestaltung und Freundschaften.

Psychologische Erfahrungen zeigen, daß oftmals neue positive Erfahrungen den Eltern helfen, den Kontakt ihrer Kinder zum getrenntlebenden Elternteil innerlich bejahen, sogar unterstützen zu können. Jeder Weg in Richtung einer positiven Orientierung hilft dem Kind, seine Entwicklungsmöglichkeiten zu nutzen und seine Beziehungen zu entwickeln. Negatives Denken führt vom Leben und von der Zukunft weg, positives Denken führt dagegen auf eine hoffnungsvolle Zukunft zu.

Wie auch Kontakte in schwierigen Situationen gelingen können

Auch bei gutgemeinten Versuchen und intensiven Bemühungen gelingen Kontakte zwischen den Kindern und ihren Eltern nicht immer. Alte Besorgnisse kehren mit der Zeit zurück, neue Menschen treten in das Leben der Kinder und der beteiligten Erwachsenen ein und verändern die Beziehungsstrukturen oftmals erheblich, und es verlagern sich Interessen und Orientierungen. Auf besonders schwierige Situationen soll anhand mehrerer Beispiele und Lösungsmöglichkeiten eingegangen werden.

Regelungen, ja oder nein

Es gibt drei wichtige Gründe, die gegen Regelungen oder Gestaltung von Besuchskontakten sprechen. Erstens, jedes Kind hat Anspruch darauf, in seiner Individualität akzeptiert zu werden. Zweitens, jede zwischenmenschliche Beziehung ist einmalig, unverwechselbar und äußeren Beurteilungen im Prinzip unzugänglich. Drittens, Beziehungen verändern sich mit der Zeit, Krisen, Phasen, Höhen und Tiefen, Nähe und Distanz sind in ständigem Wechsel begriffen. Diese Entwicklung in starre Regeln zu kleiden, geht am Kern des Verständnisses für den einzelnen, über die Beziehungen und über die zeitlichen Entwicklungsverläufe vorbei. Regelungen, die nicht die drei genannten Voraussetzungen zum Fundament haben, sind zum Scheitern verurteilt. Regelungen können Beziehungen nicht ersetzen, die Einmaligkeit einer Person nicht außer Kraft setzen und Entwicklungen über Zeiträume hinweg nicht aufhalten.

Andererseits haben Regelungen den Zweck, widersprüchliche Wahrnehmungen zu ordnen, auseinanderstrebenden Tendenzen eine Orientierung zu geben und Gefühlen die Möglichkeit einer Ordnung. So werden das Durcheinander von Gefühlen, Wahrnehmungen und Gedanken, das Auseinanderstreben sozialer Erscheinungen und Intentionen wieder in Ordnung und Harmonie gebracht.

Wenn Gefahr besteht, daß, aus welchem Grund auch immer, der Kontakt von Kindern zu beiden Elternteilen mißlingt, daß Widersprüche und Konfliktstoffe in den Beziehungen noch größere Probleme nach sich ziehen, und kaum je die Hoffnung besteht, daß die Dinge sich von selbst lösen, dann sind Regelungen zur Ausgestaltung der Kontakte und Beziehungen nicht nur sinnvoll, sondern lebenswichtig.

Die beste Regelung ist die, an deren Zustandekommen die Beteiligten selbst mitwirken.

Wenn Eltern sich mit ihren Kindern einig werden, in welcher Weise die Kinder zu ihren Eltern Kontakt pflegen, dann sind Regelungen haltbarer und sinnvoller, als wenn sie von außen verordnet oder auferlegt worden sind. Wenn die Bedürfnisse der Beteiligten, insbesondere der Kinder, jeweils berücksichtigt werden, Abänderungen unter bestimmten Voraussetzungen zum Bestandteil von Regelungen gemacht werden, und Zeiträume festgelegt werden, für die die Regelungen gelten sollen, dann bieten sie Sicherheit, Schutz und Ordnung innerhalb von Beziehungen, die ansonsten eher zum Scheitern verurteilt sind. Da es sich zumeist um Personen handelt, deren Partnerschaft gerade wegen mangelnder Gemeinsamkeit auseinanderbrach, ist der Weg besonders schwierig, zu sinnvollen Regelungen zu gelangen. Bis Regelungen zustandekommen, werden oft viel Zeit und psychische Energie verbraucht. Dieser Einsatz lohnt sich jedoch, weil die Kinder zu ihren getrenntlebenden Eltern eine möglichst positive Beziehung halten sollen, und die beteiligten Erwachsenen ebenfalls Ordnung und Sicherheit innerhalb ihrer Beziehung zu ihren Kindern nötig haben.

Meistens schlagen Familienrichter unter normalen Bedingungen einen vierzehntägigen Rhythmus im Besuchskontakt zwischen Kindern und getrenntlebenden Eltern vor. Welche Voraussetzungen sind hier nötig? Zumeist sind es Kinder im Alter zwischen vier und vierzehn Jahren. Eine verantwortungsvolle erzieherische Übereinstimmung zwischen den Beteiligten ist notwendig, weil vor allem heftige Konflikte zwischen den beiden Eltern das Kind in ein Wechselbad von Gefühlen und Reaktionsweisen bringen würden.

Wenn Eltern wegen des Kontaktes der Kinder Vereinbarungen treffen müssen, sollten sie nicht nur zeitliche Regelungen festlegen, sondern sich so genau wie möglich um die Festlegung wichtiger Details kümmern. Besonders folgende Bereiche sollten dabei geklärt werden:

- An welchem Ort soll das Kind abgeholt und wohin zurückgebracht werden?
- Welche Gesichtspunkte sind in bezug auf Gesundheit, Körperpflege und Einschlafrhythmus zu berücksichtigen?
- Vereinbarung über Geschenke: Besonders bei großen Geschenken sollten die Eltern Vereinbarungen treffen; kleinere Geschenke an das Kind können jedoch jederzeit als Ausdruck einer engen Beziehung akzeptiert werden.
  Besonders wichtig ist es, daß Geburtstags- und Weihnachtsgeschenke nicht kritisiert oder an ihnen herumgenörgelt wird; das Kind soll in seiner natürlichen Umgebung mit diesen Geschenken frei umgehen können und sich unbelastet darüber freuen können.
- Die Eltern sollten auch eine Vereinbarung darüber treffen, daß die Kinder beim anderen Elternteil alles erzählen können, was sie erlebt haben, auch ihre Sorgen und Schwierigkeiten.
- Die Eltern sollten sich darüber verständigen, daß sie nichts Verletzendes, Negatives, Belastendes über den anderen Elternteil dem Kind erzählen, vor allem, wenn dabei zu befürchten ist, daß die Kinder psychischen Belastungen ausgesetzt werden, und der andere Elternteil keine Gelegenheit hat, verletzende oder negative Schilderungen sofort und rechtzeitig zu korrigieren oder mit seinen diesbezüglichen Erfahrungen zu ergänzen.

– Günstig ist es auch, wenn die Eltern sich bereit erklären, auftretende Probleme miteinander in geeigneter Weise zu besprechen und zu klären. Dazu gehört auch, daß, wenn sie keine gemeinsame Sichtweise oder keine gemeinsame Handlungsabsicht entwickeln, sich auf die Hilfe eines Dritten einigen können.

Regelungen können über kritische Stadien hinweghelfen, größere Konflikte vermeiden und sie erlauben dem Kind, einen möglichst positiven Kontakt zu seinen Eltern zu halten. Das Ziel sollte sein, daß die Kinder unbelastet, frei und ihren eigenen Gefühlen entsprechend den Kontakt zu beiden Elternteilen pflegen. Ähnliches ist wohl im folgenden Fall gelungen.

Holgers Eltern wohnten am gleichen Ort; für ihn war es nichts Außergewöhnliches, daß er zwischendurch seinen Vater, der mehrere Straßen entfernt wohnte, aufsuchte. Hin und wieder nahm er einen Freund mit; er besuchte ihn auch manchmal auf dem Heimweg von der Schule. Geraume Zeit gab es einige Schwierigkeiten, weil Holgers Mutter oftmals nicht wußte, wo ihr Junge blieb; und schließlich hatte er gelernt, immer seine Mutter zu verständigen, wenn er vorhatte, seinen Vater aufzusuchen; auch der Vater verlangte von Holger, daß er vorher anrufe, wenn er plane, ihn zu besuchen, weil er nicht immer im Haus sei und oftmals andere Verpflichtungen im Haus habe. Umgekehrt besuchte der Vater ungefähr einmal in der Woche den Jungen in der alten gemeinsamen Wohnung. Wie es üblich war, rief auch er immer vorher an. Es kam manchmal vor, daß der Junge bereits etwas anderes vereinbart hatte, oder daß es für die Mutter ungünstig war, Besuch zu empfangen; dann wurde eben kurzfristig auf einen anderen Termin ausgewichen. Wenn die Mutter für ein Wochenende wegfahren wollte, dann war sie froh, daß Holger beim Vater unterkommen konnte, und sie auch einmal geraume Zeit für sich hatte.

Ein Kind, das in dieser Weise frei und selbstbestimmt seine Kontakte zu dem getrenntlebenden oder geschiedenen Elternteil pflegen kann, hat den Nachteil zu einem Vorteil wandeln können, die Schmerzen der Trennung sind eher der Freude gewichen, mit beiden Eltern einen lebhaften Kontakt pflegen zu können und entsprechende Vorteile zu nutzen. Dies ist auch in der Entwicklung des Kindes abzulesen. Es entwickelt Freiheit, persönliche Stärke und soziales Geschick.

Vor einem solchen Hintergrund wird deutlich, daß Fragen nach der Pflege oder Hygiene, nach der Größe und dem materiellen Wert von Geschenken, nach dem Inhalt der Gespräche und sozialen Verhaltensweisen wie Pünktlichkeit, Verläßlichkeit, Genauigkeit und Ordnung in den Hintergrund treten. Eltern, die die Trennung vollzogen haben, die wieder zur Freiheit einer Beziehung zurückgekehrt sind, können diese Chance den Kindern eröffnen. Freilich ist das nicht überall möglich und oftmals auch erst Resultat eines langen schmerzlichen Erfahrungsprozesses.

Insgesamt gilt: Keine Regelung ist die beste Lösung. Regelungen können jedoch helfen, über gewisse Perioden hinweg noch schlimmere Konflikte und Beziehungsprobleme zu vermeiden.

Wo Besuche nur tagsüber angezeigt sind

Im günstigen Fall empfiehlt es sich, daß Kinder beim getrenntlebenden Elternteil auch ohne Schwierigkeiten übernachten können. Zur Pflege einer Beziehung gehören auch ein zeitlicher Rhythmus und das Erleben unterschiedlicher Phasen wie Aufstehen, den Tag verbringen, den Tag beenden, Einschlafen, die Nacht verbringen. Aus diesen Gründen wird normalerweise auch vom Familienrichter vorgeschlagen, daß die Kinder jeweils ein volles Wochenende von Samstag auf Sonntag oder von Freitag auf Sonntag beim getrenntlebenden Elternteil verbringen.

Dadurch kann sich erst eine Beziehung entwickeln und festigen. Besuchswochenenden sind sicher einzelnen Besuchstagen vorzuziehen. Es empfiehlt sich oftmals, da es für Kinder günstiger ist, wenn Besuche beim anderen Elternteil zwar weniger häufig, dafür zeitlich etwas länger sind. Manchem Kind wird dadurch die Belastung durch zwei Abschiede, zuerst von der Mutter, dann vom Vater oder umgekehrt, weniger häufig zugemutet. Die Kinder bekommen Zeit, die anfängliche Fremdheit allmählich abzulegen, gemeinsame Erlebnisinhalte können entwickelt, vertieft und gefestigt werden. Es besteht vor allem auch die Möglichkeit, daß die Kinder die Umgebung, den Lebensort, den sozialen Umkreis des anderen Elternteils auch kennenlernen können. Dies kann wiederum eine Hilfe für die Kinder sein, die Besuche positiv zu erleben und entsprechende Trennungsstrapazen allmählich abzubauen.

Auch für die Eltern ist eine zahlenmäßig seltenere, aber zeitlich längere Regelung der Besuchskontakte sinnvoller. Ihnen selbst wird dadurch die Trennung von ihrem geliebten Kind nicht so häufig abverlangt und sie finden eher Abstand und Beruhigung, wenn die Besuchszeiträume länger sind. Vor allem können sie die verbleibende Zeit mit neuen Erlebnisinhalten erfüllen, die oftmals dazu verhelfen, daß eine positivere Einstellung zu den Besuchskontakten überhaupt entsteht und Aversionen abgebaut werden. Dem Kind bleibt dadurch mehr Spielraum, seine eigenen Beziehungen zu beiden Elternteilen ohne Druck und aus ihm selbst heraus zu bestimmen und zu pflegen.

Bisweilen sind jedoch Besuche nur tagsüber angezeigt. Zum einen hängt das mit entwicklungspsychologischen Bedingungen zusammen, zum anderen mit der Art der Beziehung zwischen den getrenntlebenden Eltern.

Kinder bis zu drei Jahren leben in enger Bindung zu ihren Bezugspersonen innerhalb der Familie. Aus dem Gefühl einer überschaubaren Bindungssicherheit nehmen sie von sich aus weitere soziale Kontakte auf und vergrößern dadurch ihren Radius an Kontakten und Erfahrungen mit der Umwelt.

Eine neue Orientierung nach außen hin ist besonders bei Dreijährigen beobachtbar. Dementsprechend werden Kinder auch in diesem Alter normalerweise in die Kindergartengruppe integriert. Kinder bis zu diesem Alter zeigen aber häufig noch eine sehr starke Bindung an den engeren familiären Lebensraum. Oftmals ist zu beobachten, daß daraus eine Fixierung oder gar ein neurotisches Festhalten an diese enge Beziehungsstruktur auftritt, wenn ein Elternteil aus der gemeinsamen Wohnung auszieht. Kinder, die in dieser Weise an einen Elternteil fixiert sind und neuen Kontakten mit übergroßer Ängstlichkeit begegnen, ist nicht zuzumuten, daß sie über längere Zeit hinweg beim anderen Elternteil bleiben.

Hier empfiehlt sich im Einverständnis beider Elternteile ein sukzessives Vorgehen und ein schrittweises Ausdehnen der Besuchskontakte, bis das Kind in der Lage ist, ohne psychische Belastungen längere Zeit beim anderen Elternteil zu verbleiben. Auch bei älteren Kindern sind nur Besuche tagsüber angezeigt, wenn derartige Fixierungen aufgetreten sind und übergroße Ängstlichkeit mit dem Verlassen des gewohnten Radius verbunden ist. Im Zweifel empfiehlt sich immer ein schrittweises Vorgehen, ein Ausprobieren mit gemeinsam festgelegten Zielvorstellungen, um Überforderung und krankmachende Entwicklungen zu vermeiden.

Wenn ein Elternteil aber lediglich Bedenken hat, daß dem gemeinsamen Kind eine Übernachtung außer Haus nicht zugemutet werden könne, dann sollte dies Anlaß sein, über Ursachen und mögliche Einzelschritte nachzudenken als bei den Bedenken verharren.

Übernachtungen sollten auch denjenigen Kindern nicht zugemutet werden, die aufgrund anderer Ursachen Phasen erhöhter Sensibilität oder Ängstlichkeit durchschreiten müssen. Das ist zum Beispiel der Fall, wenn Kinder krank sind, sich in einem Genesungsprozeß befinden, nach einem sehr schmerzlichen Todesfall und bei Gefahren, die bei Übernachtungen an einem fremden Ort von dritter Seite geschehen könnten, bei Gefahren einer Mißhandlung, einer Krankheit oder einer psychischen Gefährdung.

Besorgnisse dieser Art sollten aber sehr sorgfältig analysiert werden, denn in den seltensten Fällen haben sich Verdachtsmomente als realistisch herausgestellt.

Neben den genannten Einschränkungen, die erforderlich sind, um eine günstige Entwicklung der Kinder zu gewährleisten, sind eine Reihe von Einschränkungen, zum Beispiel zeitlich beschränkter Besuchskontakt, zu nennen, die sich aus der Art der Beziehung zwischen den Eltern ergeben. Wenn bereits der Abschied des Kindes von seiner gewohnten Umgebung von heftigem Streit und großer psychischer Anspannung der Erwachsenen begleitet ist, wenn die Eltern die Anwesenheit ihres Kindes dazu benutzen, um gegen den jeweils anderen zu wettern, oder wenn der eine Elternteil sich am Besuchstag kaum um sein Kind kümmert, sondern es anderen überläßt, wenn darüber Streit und Konflikte unvermeidbar sind und oftmals auch Defizite beim Kind in der Beziehung zu seiner gewohnten Umgebung auftreten, dann sollten in Zukunft statt längerer Besuche kürzere, überschaubare, korrigierbare und weniger irritierbare stattfinden.

Solche Einschränkungen längerer Besuchskontakte sind aber auf Dauer nicht sinnvoll. Kurze Besuchskontakte können deshalb nur über einen gewissen Zeitraum hinweg helfen, damit die Eltern ihre Beziehungskonflikte und Streitigkeiten beseitigen, damit sie sich auf das Wohl der Kinder besinnen und aufhören, Konflikte auf dem Rücken ihrer Kinder auszutragen.

Besondere Bedeutung sollte darauf gelegt werden, daß das Kind, wenn es abgeholt wird oder auch in die vertraute Umgebung zurückkehrt, die Eltern als Menschen erlebt, die nicht verlernt haben, sich wechselseitig zu respektieren, die nicht aufgehört haben, sich zu begrüßen, die in der Lage sind, sich mit den Augen zu begegnen, die davon ablassen, spöttische oder verachtende Bemerkungen über den anderen fallenzulassen. So fördern die Erwachsenen den Anspruch der Kinder, mit beiden Eltern einen entlastenden und positiven Kontakt zu pflegen.

Es gibt Eltern, die einmal zusammen waren, sich geliebt und respektiert haben, jedoch festgestellt haben, daß sie nicht zusammengehören. Aber sie haben dennoch nicht aufgehört, sich respektvoll, freundlich und verständnisvoll zu begegnen. Wer zu diesen Grundlagen einer Beziehung zurückgefunden hat, braucht keine Einschränkungen mehr, er kann innerlich akzeptieren, daß die gemeinsamen Kinder von ihren Eltern gar nicht getrennt werden können, und keiner das Recht hat, diese Verbindung zu zerstören. Bruderschaft, Mutter- und Vaterschaft hören nie auf.

Neue Partner

Nicht selten kommt es zu großen Schwierigkeiten in der Gestaltung der Kontakte zwischen den Kindern und den getrenntlebenden Eltern, wenn einer eine neue Partnerschaft beginnt. Was vorher notdürftig ausgehandelt und vereinbart worden war, bricht manchmal abrupt auseinander. Vergessen geglaubte Streitigkeiten tauchen wieder auf und unverheilte Wunden werden wieder schmerzend, wenn einer der getrenntlebenden oder geschiedenen Eltern eine neue Partnerschaft eingeht. Beste Bemühungen können scheitern und gutgemeinte und wohlmeinende Erwartungen von Dritten können oftmals Streit und Konflikte nicht verhindern.

Ein Beispiel:

Bei Frau und Herrn Roll war nach mehreren Versuchen klar geworden, daß Kompromisse nicht möglich sind, daß Verständnis für den jeweiligen Standpunkt in bezug auf das Besuchsrecht nicht zu erreichen ist, und der Spielraum für Gemeinsamkeiten verlorengegangen ist. Auf der Suche nach Gründen, wie beide Eltern in eine solch ausweglose Situation geraten konnten, fand man bald einen Auslöser. Frau Roll konnte es nicht überwinden, daß ihr geschiedener Mann eine neue Partnerin hat, die auch bereits mit den Kindern Bekanntschaft geschlossen hat.

Sachverständige und Familienrichter berichten übereinstimmend ähnliche Erfahrungen. Beginnt einer der getrenntlebenden oder geschiedenen Eltern eine neue Partnerschaft, werden alte Probleme wieder lebendig, die Gestaltung der Besuchskontakte wird erheblichen Belastungen ausgesetzt, und nicht selten werden vor diesem Hintergrund Besuchskontakte von einem Elternteil unterbunden. Obwohl zahlreiche Gründe für auftretende Schwierigkeiten angeführt werden, stellt sich doch oftmals als Hintergrund die Beziehungsdynamik heraus, die durch eine neue Partnerschaft entstanden ist. Durch fehlgeleitete Projektionen werden oftmals auf den neuen Partner des ehemaligen Ehepartners Verhaltensweisen und Gefühle übertragen, die mit der Realität nicht übereinstimmen. Tatsächlich zeigt sich in den meisten Fällen, daß eine neue Partnerschaft für die Gestaltung der Kontakte günstig sein kann. Gerade die neuen Partner sind es oftmals, die ausgleichend reagieren, die sich um den Kontakt mit den Kindern Mühe geben, die auch mäßigend einwirken, zu Kompromissen neigen und durchaus mit dem anderen Elternteil der Kinder Kontakt pflegen wollen. Häufig gelingen Besuche erst dann wieder, wenn in irgendeiner Weise der neue Partner mit dem anderen Elternteil Kontakt bekommen hat. Die Überwindung damit zusammenhängender Vorurteile und Fehleinschätzungen ist deshalb von besonderer Bedeutung.

Es gibt keinen plausiblen Grund, daß ein neuer Partner von den Besuchskontakten ausgeschlossen bleiben soll, solange die Bedürfnisse der Kinder und die besondere Beziehung der Kinder zu ihrem Elternteil in der Gestaltung und im Ablauf der Besuche berücksichtigt werden.

Wenn Kindern der Abschied schwerfällt

Trotz guten Willens mancher Eltern gelingt es oft nicht, daß den Kindern die Trennungen beim bevorstehenden Besuch beim Vater oder bei der getrenntlebenden Mutter leichtfallen. Der Abschied am Ende eines Besuches kann umgekehrt genauso schmerzlich sein. Pünktlichkeit, Einhaltung vereinbarter Regeln bei der Verabschiedung und Entschiedenheit im Verhalten auf der Grundlage eines Gefühls des positiven Zutrauens können in solchen Situationen hilfreich sein. Für Kinder ist es sehr enttäuschend, wenn vereinbarte Termine von einem Elternteil nicht eingehalten werden, und die Zeit des Wartens endlos wird. Von Ausnahmen abgesehen, sollten keine Verspätungen von mehr als einer Viertelstunde einkalkuliert werden. Besonders jüngere Kinder haben noch keine entsprechenden Erfahrungen mit Zeitbegriffen; für sie ist es deshalb besonders wichtig, daß sich beide Eltern an bestimmte zeitliche Festlegungen halten. Ansonsten wird das Warten für die Kinder endlos und die Trennung um so schwieriger.

Wichtig ist auch zu beachten, an welchem Ort die Verabschiedung von einem Elternteil und die Begrüßung des anderen Elternteils geschieht. Solche Gesichtspunkte werden zwar von den meisten Eltern als Nebensächlichkeit angesehen, in Wirklichkeit spielen sie eine wichtige Rolle bei der Bewältigung von Trennungssituationen. In recht schwierigen Fällen ist besondere Umsicht notwendig. Wenn ein Kind etwa von seinem Lieblingsspiel an seinem Lieblingsplatz weggerissen wird, wird es eher mit Enttäuschung und Frustration reagieren, als wenn es bereits auf den Abschied eingestellt ist. Wenn zum Beispiel die Verabschiedung und die Begrüßung bei der Wohnungstür oder im Garten oder auch vor dem Haus stattfinden, dann gelingt die Trennung im Normalfall leichter.

In besonders schwierigen Fällen ist es durchaus sinnvoll, zumindest eine Zeitlang, an einem neutralen Ort Abschied und Begrüßung zu vollziehen. Dies sollte jedoch die Ausnahme bleiben.

Die Trennung von der vertrauten Umwelt ist für fast alle Kinder ungewohnt und unangenehm, ganz unabhängig davon, wie positiv die Beziehung der Kinder zu dem getrenntlebenden Elternteil ist. Kinder können diesen Schritt nicht vollziehen oder bewältigen, wenn nicht die Eltern diesbezüglich Hilfestellungen geben.

Ein Beispiel:

Joachim sollte von seinem Vater am vereinbarten Besuchstag um 10.00 Uhr abgeholt werden. Er war aber gerade mit einem Jungen aus der Nachbarschaft sehr beschäftigt, seine Gesteinesammlung neu zu ordnen. Er nahm kaum Notiz von seinem Vater, der sichtlich hilflos war, wie er es schaffen solle, daß der Junge mit ihm gehe. Die Mutter verzog lächelnd die Mundwinkel und sagte: »So, jetzt hol halt Dein Kind.« Sie ging weg und ließ den Vater allein. Joachim wollte nicht so recht, versuchte abzulenken, und es war sehr schwierig für den Vater, allmählich Joachim doch zu bewegen, mit ihm mitzugehen.

Wenn nicht beide Eltern zusammenhelfen, daß die Besuche gelingen und Abschied und Wiederkehr für die Kinder erträglich sind, bleiben Belastungen und Konflikte für alle zurück. Nicht zu Unrecht legen Familienrichter großen Wert darauf, daß die Kinder vorbereitet und innerlich auf den Besuch eingestellt sind, wenn der andere Elternteil mit seinem Kind Kontakt pflegen soll.

In manchen Situationen war es für Eltern hilfreich, wenn sie ihrem Kind die Lieblingspuppe oder ein Lieblingsspielzeug mitgegeben haben, ein kleines Geschenk, das es an die häusliche Umgebung und an die andere Bezugsperson erinnert, ein kleines Symbol, ein Souvenir oder andere Gegenstände, die für das Kind eine Brücke bauten zwischen den Erfahrungswelten der beiden Eltern. Die getrenntlebenden Eltern sollten solche Hilfen und Stützen nicht mit Eifersucht oder als Ausdruck einer feindseligen Gesinnung ansehen, sondern als Hilfen, damit die Besuche, die Kontakte und die Beziehungen gelingen können.

Ähnliches gilt für die Rückkehr: Pünktlichkeit, Entschiedenheit, positives Zutrauen und Erinnerungsstücke oder Geschenke können helfen, daß das Kind Kontinuität in seinen Erfahrungswelten erfährt. Sehr negativ wirkt sich aus, wenn Eltern solches nicht tolerieren können, wenn sie die Kinder beeinflussen oder zwingen, Geschenke und Erinnerungen des anderen Elternteils wegzulegen oder gar zu zerstören. Was sie dabei im Herzen des

Kindes anrichten, ist oftmals schwerwiegend und belastend. Im günstigen Fall freut sich das Kind auf den Besuch beim getrenntlebenden Elternteil, verbringt dort bereichernde und vergnügliche Stunden und kehrt ebenso freudig wieder in die gewohnte Umgebung zurück. Wie aufbauend und förderlich eine solche Situation sein kann, erfährt man, wenn man etwa beobachtet, wie ein Kind mit Freude vom Besuch beim getrenntlebenden Elternteil zurückkehrt und, während es sich noch bei ihm verabschiedet, schon anfängt, über seine Erlebnisse zu berichten.

Letztendlich hat jeder Elternteil die Verantwortung, darauf zu achten, daß auch in Abwesenheit des anderen Elternteils das gemeinsame Kind nichts Negatives oder Schädliches erfährt, das es nicht bewältigen kann. Aus einer solchen Verantwortung heraus sind Eltern auch gefordert, gerichtliche Schritte einzuleiten, wenn auftretende Schäden nicht beseitigt werden können. Zunehmend häufiger schalten Eltern auch Erziehungsberater, Familienpsychologen und Partnerberatung ein, wenn es um Besorgnisse und unterschiedliche Sichtweisen und Konflikte bei der Ausgestaltung von Besuchen geht.

Was Kinder über ihre Besuche erzählen

Dem interessierten Zuhörer erzählen Kinder zumeist Interessantes, dem gut Gesinnten angenehme Erlebnisse und dem, der nur auf Negatives wartet, Negatives. Kinder treffen eine Auswahl, wenn sie über ihre Erlebnisse beim anderen Elternteil berichten, und haben eine besondere Sensibilität dafür, die Erwartungen des Zuhörers dabei zu berücksichtigen. Deswegen sollten Eltern sich selbst beobachten, wenn Kinder über belastende oder negative Erfahrungen beim anderen Elternteil erzählen. Oftmals werden derlei Schilderungen durch die eigene gestische und mimische Ausdrucksweise eher verstärkt, als daß den Kindern geholfen wird, sie positiv zu bearbeiten. Wichtiger ist aber, die Kinder zu ermutigen, die positiven Seiten ihrer Besuche zu schildern. Erzählen die Kinder aber zunehmend belastende Erlebnisse, sollte man wiederholt auf genaue Schilderungen und Beobachtungen des Kindes achten; und wenn sich die Erfahrungen bestätigen, empfiehlt sich, mit dem anderen Elternteil zu sprechen. Meist sind es Besorgnisse, daß die Kinder zu lange aufbleiben, schädliche Filme mitansehen, intime oder sexuelle Beobachtungen machen, die der andere Elternteil nicht akzeptieren kann oder die für das Kind ungewohnt sind. Es sind auch Befürchtungen, daß das Kind mit dem anderen Elternteil in unerwünschten Lokalen die Zeit verbringe oder daß es in irgendeiner Weise leiden müsse. Wenn die Vernunft die Oberhand hat, können Gespräche über diese Besorgnisse nützlich sein und manche Befürchtungen ausräumen. Oftmals empfiehlt es sich, einen gemeinsamen Vertrauten einzuschalten, damit den Besorgnissen Rechnung getragen werden kann.

Wenn für Kinder Trennungserlebnisse nicht mehr verkraftbar sind

Besonders für Kinder gilt, daß man ihnen nichts zumuten darf, was für sie nicht mehr verkraftbar ist, seien alle Absichten und Ziele noch so vertretbar und sinnvoll. Wenn Kinder bei allen Bemühungen Trennungen nicht ertragen können, muß auch das Recht der Eltern auf Kontakte zu ihrem Kind zurückstehen.

Bereits an früherer Stelle wurden zahlreiche Äußerungsweisen von Angst und Reaktionen auf unverarbeitete Trennungen von Kindern beschrieben. Wenn Angstgefühle überwiegen, körperliche Abwehrreaktionen den Wunsch nach friedvollen Kontakten außer Kraft setzen, und wenn durch rapide Leistungsabfälle und durch krassen sozialen Rückzug Lernfreude und Kontaktwünsche beseitigt werden, müssen sich die Eltern fragen, wie sie die psychisch belastende Situation des Kindes beheben oder zumindest erleichtern können. Wenn im Austausch von Erfahrungen und im vernünftigen Gespräch zwischen den Eltern keine Verbesserung erzielt werden kann, sollten auch therapeutische Hilfen in Anspruch genommen werden.

Die psychologische Erfahrung zeigt, daß Kinder sich selbst in ihre Ängste und Traumata verstricken können, und dann die Hilfe von fachkundigen Therapeuten erforderlich wird, die helfen, Ängsten Ausdruck zu verschaffen, den Gefühlen Raum zu geben und neue Verarbeitungswege zu erkunden. Nicht Trennungserlebnisse allein fügen Kindern psychischen Schaden zu, erst wenn die Umwelt und die Bezugspersonen jegliche Stütze vermissen lassen, kommt es zu den bekannten verheerenden Auswirkungen.

Im Verlauf einer analytischen Psychotherapie zeigt sich, daß Trennungsängste ihre Ursache nicht in der Trennungssituation haben, meist auch nicht im absichtlichen oder unbewußten Fehlverhalten der Bezugspersonen, sondern daß die geforderten Trennungen Grundängste aus früheren Entwicklungsperioden neu aufbrechen ließen. An die Ursprünge der Verlassensängste heranzukommen, ist Bestandteil einer psychologischen Therapie. Sie kann nur voranschreiten, wenn die Eltern bereit sind, bei der Behandlung mitzuwirken. Dies bedeutet auch, daß sie bereit sein müssen, für eine gewisse Zeit Besuchskontakte beim anderen Elternteil abzuändern, neue Gestaltungen der Kontakte ausfindig zu machen und zu erproben.

Wenn die Großeltern Sehnsucht nach ihrem Enkel haben

Jeder Erwachsene handelt nur zu einem gewissen Teil aus der Kraft eines reifen Ichs. Er ist nicht nur gefangen von den Ängsten und Wünschen aus früheren Entwicklungsperioden, er handelt teilweise auch in Übereinstimmung mit den Erwartungen, die an ihn herangetragen werden. Besonders die Eltern haben im Verlauf der Erziehung Erwartungen und Forderungen an ihre Kinder gestellt, und ein Leben lang finden sich die Kinder mit diesen Forderungen konfrontiert. Wilde Auflehnung oder reuige Anpassung zeigen, wie wirksam die an den eigenen Eltern orientierten Einstellungen und Zwänge sind. Enge Mutter-Kind-Bindungen, und zwar zwischen Ehefrau und Mutter, Ehemann und Mutter u. ä. hieß es an früherer Stelle, sind oftmals Ursache dafür, daß der Entwicklungsspielraum innerhalb einer Ehe zu klein ist und Bindungen zerbrechen. Dieses Wirkgefüge bezieht auch den Kontakt der Kinder zu beiden Eltern ein, sollte es zu einer Auflösung der Ehe kommen. So kommt es dazu, daß die Eltern sehr heftig um das Sorgerecht über ihr Kind kämpfen, weil sie meinen, dies ihren eigenen Eltern schuldig sein zu müssen. Oder sie kämpfen sehr um den Kontakt mit ihrem Kind, tun dies aber vor allem deswegen, weil sie ihren eigenen Eltern ein anständiges Kind sein wollen.

Was kann in einer solchen Situation geschehen? Obwohl die Großeltern juristisch einen regelmäßigen Kontakt zu ihren Enkeln nicht einfordern können, besteht dennoch ein erzieherisch bedeutsamer Grundsatz darin, daß Kinder auch zu Großeltern, Tanten, Onkeln, Nichten und Neffen Kontakt halten sollen. Den Großeltern dies zuzugestehen, ja ihnen das Gefühl vermitteln, daß ihre Verantwortung für ihre Enkel bestehen bleibt, auch wenn die Eltern getrennt worden sind, kann die Bereitschaft zu versöhnlichem Umgang und zu einem Kompromiß vergrößern helfen, wie folgendes Beispiel zeigt:

Die Eheleute Wimmer hatten sich getrennt. Über die Ausgestaltung der Kontakte des Jungen Michael gab es häufig Streit. Frau Wimmer, die das Sorgerecht über Michael erhalten hatte, bemängelte, daß bei den Besuchstagen der Vater mit seinem Sohn recht selten zusammen sei, dafür werde er von seiner Oma verwöhnt und gegen seine Mutter aufgehetzt. Das Familiengericht bestand darauf, daß der Vater vor allem an Besuchstagen mit seinem Sohn zusammen sein sollte; es fruchtete jedoch wenig. Herr Wimmer hielt sich kaum an die Auflagen und überließ zumeist der Oma des Jungen den Kontakt und die Betreuung an den Besuchstagen. Frau Wimmer beriet sich, weil die Schwierigkeiten überhand nahmen, mit einem Familienpsychologen. Er riet ihr, für gewisse Zeit zuzulassen, daß Michael vorx allem mit seiner Großmutter Kontakt pflegte. Als sie dies spürte, war es die Oma selbst, die ihren Sohn drängte, sich an den Besuchstagen mehr als früher um seinen Sohn zu kümmern. So kam es zu einer Wiederannäherung zwischen Frau Wimmer und ihrer ehemaligen Schwiegermutter, und die Schwierigkeiten verringerten sich zunehmend.

Stiefgeschwister

Was passiert, wenn der sorgeberechtigte Elternteil wieder eine neue Bindung eingeht und die gemeinsamen Kinder wieder Geschwister bekommen? Oder wenn umgekehrt der Elternteil, der nicht die elterliche Sorge ausübt, den Kontakt mit seinen Kindern pflegt, selbst eine neue Partnerschaft eingeht und Kinder bekommt? Geschwister, in welchem Alter auch immer, verändern Erlebnisweisen und Verhaltensmuster eines Kindes. Mit dieser Veränderung müssen auch Erwachsene erst zurechtkommen. Ein Geschwister zu bekommen, löst bei Kindern im allgemeinen Begeisterung und Zuwendung aus. Diese Gefühle können geschiedene Partner schwer ertragen und auch kaum teilen. So trennen sie ein Stück Erleben aus der Beziehung zu ihrem leiblichen Kind ab und erzeugen damit Distanz und Entfremdung. Diese Situation zeigt sich etwa darin, daß die leiblichen Kinder, wenn sie begeistert vom neuen Geschwister zu reden anfangen, ignorierende Abweisung durch einen Elternteil erfahren. Dies kann enorme Belastungen der Beziehungen mit sich bringen.

Ein Beispiel:

Manuela wollte auf einmal nicht mehr ihre Mutter besuchen. Trotz guten Zuredens ihres Vaters und ihrer Stiefmutter wollte sie an den vereinbarten Tagen nicht zur Mutter. Die Mutter konnte sich an freudigen Überraschungen ausdenken, was sie wollte, Manuela blieb an den Besuchstagen distanziert und in sich gekehrt. Zwischendurch beschuldigte die Mutter den geschiedenen Ehemann und seine jetzige Ehefrau, das Kind gegen sie zu beeinflussen. Man kam aber bald auf den Auslöser der Schwierigkeiten. Manuela hatte ein Geschwisterchen bekommen und wollte keine Minute von ihm weg sein. Erst als die Mutter begriff, wie wichtig diese Beziehung für das Kind sei, fing sie an, sich auch für die kleine Schwester Manuelas zu interessieren. Manuela zeigte ihr Fotos, erzählte viel von ihr und es gab sich schließlich auch die Gelegenheit, daß die Mutter die kleine Sonja zu Gesicht bekam. War das eine Freude für Manuela!

Von da an ging Manuela wieder lieber zur Mutter, es gab schließlich viel zu erzählen und allerlei zu zeigen. Die Mutter hatte auch sehr klug gehandelt, sie gab Manuela hin und wieder ein kleines Geschenk oder Kleider und Spielsachen, die früher Manuela gehörten, für Sonja mit. So fanden auch die Erwachsenen wieder zu einem natürlicheren Kontakt.

Es gibt einen Gradmesser für gelungene Trennungsarbeit: Wenn der eine Elternteil auch die Kinder akzeptieren kann, die der ehemalige Partner mit einem neuen hat, hat er sich von der Vergangenheit und dem Belastenden befreit und kann offen und aufbauend auch die Beziehung zu seinem Kind gestalten.

Demgegenüber fordern manche Eltern ihre leiblichen Kinder auf, die Geschenke, die sie etwa an Besuchstagen bekommen haben, nicht mit den »neuen« Geschwistern zu teilen. Dies wirkt wie ein Spaltpilz in den Beziehungen, die Geschwister fühlen sich zurückgesetzt, die Eltern sehen darin einen Affront gegenüber der neuen Beziehungswirklichkeit und bei den betroffenen Kindern selbst entstehen häufig Gefühle von Peinlichkeit und Ungerechtigkeit.

Wenn alle Tore zu sind

Dies ist der Brief eines Vaters, der seit Jahren erkrankt ist und immer wieder versucht hat, seinen beiden Jungen, die nun zehn und zwölf Jahre alt geworden sind, die Bindung zu ihm als Vater zu erhalten:

Lieber Sebastian, lieber Markus!

Nun versuche ich schon zum siebten Mal, einen Brief an Euch zu schreiben, nun endlich ist es mir geglückt, den Brief an Euch nicht – wie so oft – aus der Schreibmaschine zu reißen.

Sebastian, Markus, mein letzter Fünf-Minuten-Besuch am Samstag, den 12. Dezember, bei Euch in O. war der schmerzlichste Tag in meinem Leben. Die Fahrt – immerhin 300 km – war nicht einfach. Es war aber ein schönes Gefühl, Euch endlich wiederzusehen. Als ich angekommen war, hatte man Euch zu mir ans Auto geschickt, die Freude bei mir war sehr groß. Doch bald bemerkte ich, daß wir nur unter Zwang miteinander reden konnten, da Ihr von Eurem jetzigen (Vater) Stiefvater beobachtet wurdet, der nur ein paar Schritte vom Auto entfernt war. So konntet Ihr mir auch nur schmerzliche Antworten geben, wie »Du bist nicht mehr unser Vater, wir haben einen neuen«, und dann noch die Bitte, nicht mehr zu kommen.

Ich hatte aber auch bemerkt, daß Ihr am ganzen Körper gezittert habt und auch gleich wieder ins Haus gerannt seid.

Mein Gott, war das hart für mich – wohl auch für Euch.

Sebastian, Markus, es ist sehr schwer, diesen Brief an Euch zu schreiben, das tut sehr weh! Ein Geschenk für Ostern habe ich nicht gepackt, denn Ihr habt ja gesagt, Ihr dürft keine Geschenke von mir nehmen.

Lieber Sebastian, lieber Markus, ich muß ja wie immer nachgeben. Dies mache ich aber nur wegen Euch, da ich nur als Last gesehen werde.

Ich warte aber ganz geduldig auf den Moment, wenn Ihr selber den Wunsch habt, Euren richtigen Vater zu sehen. Ich glaube, der Tag wird kommen!

Sebastian, Markus, ich warte auf Euch, ich bin auch immer für Euch da.

An den besonderen Tagen, wenn Eltern ihre Kinder beschenken, bringe ich das Geld zur Bank für Euer Sparbuch.

Sebastian, Du bist doch schon groß, wenn aber etwas unklar ist an diesem Brief, frage bitte die Oma in D., vielleicht wird sie es Euch erklären.

Ich hoffe, bis bald, und werde Euch immer sehr, sehr lieb haben.

Euer Vati

Am Ende stehen für manche nur noch Leid und Verzweiflung. Wo, wie im vorangegangenen Schreiben, Vorschläge und helfende Anregungen nicht mehr am Platze sind, ist Mitgefühl angebracht, oder Empathie (Einfühlung), das Dabeisein beim Leid eines andern. Es ist zu hoffen, daß einem in einer solchen Lage ein Freund zur Seite steht und Hoffnung auf Zukunft besteht. Deswegen ist es gut, derlei Gefühle und Situationen auch in einem Brief festzuhalten. Später werden sich die Kinder sicherlich dafür interessieren, wie es damals wirklich gewesen war.

Wo alle Türen versperrt sind, hilft nur die Hoffnung, daß die Zeit auch Wahrheit bringt.

Der Scheidungskonflikt in der Literatur – Literatur als Lebenshilfe

In der Literatur spiegelt sich der Konflikt um Trennung, Scheidung und der Streit um Kinder wider. Dichtern gelingt es oftmals, das einfühlsam und treffend zu beschreiben, was durch Wissenschaft kaum erforschbar und durch alltägliche Sprache schwer auszudrücken ist. Vor allem hilft Literatur dem Leser, in den Werken von Dichtern seine eigenen Gefühle von Verlassenheit, Schmerz und Einsamkeit wie auch Sehnsucht, Hoffnung und Lebensfreude wiederzuentdecken. Dadurch vollzieht sich, wie das Theater und die Dichtkunst von Anfang beabsichtigt haben, Heilung, ja Therapie.

Die Weisheit Salomons

Wenn man die Ängste und Gefühle von Kindern in Trennungssituationen und während der Scheidung ihrer Eltern verstehen und die Rätsel lösen will, die sich in den Motiven verbergen, die manchen Erwachsenen dazu bringen, um das Recht über sein Kind oder den Kontakt zu ihm mit allen Mitteln zu kämpfen, müßte man die Weisheit eines Königs Salomon besitzen. Weisheit allein genügt aber nicht, es ist die Bereitschaft zur Weisheit, zum Wissen hinter dem Wissen, zur Einsicht hinter der Einsicht, um die Rätsel lösen zu helfen.

Was hat Salomon, von dem man sagt, daß er sehr weise war, entschieden?

Damals kamen zwei Dirnen und traten vor den König. Die eine sagte: »Bitte, Herr, ich und diese Frau wohnen im gleichen Haus, und ich habe dort in ihrem Beisein geboren. Am dritten Tag nach meiner Niederkunft gebar auch diese Frau. Wir waren beisammen; kein Fremder war bei uns im Haus, nur wir beide waren dort. Nun starb der Sohn dieser Frau während der Nacht; denn sie hatte ihn im

Schlaf erdrückt. Sie stand mitten in der Nacht auf, nahm mir mein Kind weg, während deine Magd schlief, und legte es an ihre Seite. Ihr totes Kind aber legte sie an meine Seite. Als ich am Morgen aufstand, um mein Kind zu stillen, war es tot. Als ich es aber am Morgen genau ansah, war es nicht mein Kind, das ich geboren hatte.« Da rief die andere Frau: »Nein, mein Kind lebt, und dein Kind ist tot.« Doch die erste entgegnete: »Nein, dein Kind ist tot, und mein Kind lebt.« So stritten sie vor dem König. Da begann der König: »Diese sagt: Mein Kind lebt, und dein Kind ist tot! und jene sagt: Nein, dein Kind ist tot, und mein Kind lebt.« Und der König fuhr fort: »Holt mir ein Schwert!« Man brachte es vor den König. Nun entschied er: »Schneidet das lebende Kind entzwei und gebt eine Hälfte der einen und eine Hälfte der anderen!« Doch nun bat die Mutter des lebenden Kindes den König – es regte sich nämlich in ihr die mütterliche Liebe zu ihrem Kind: »Bitte, Herr, gebt ihr das lebende Kind und tötet es nicht!« Doch die andere rief: »Es soll weder mir noch dir gehören. Zerteilt es!« Da befahl der König: »Gebt jener das lebende Kind und tötet es nicht; denn sie ist seine Mutter.« Ganz Israel hörte von dem Urteil, das der König gefällt hatte, und sie schauten mit Ehrfurcht zu ihm auf; denn sie erkannten, daß die Weisheit Gottes in ihm war, wenn er Recht sprach.

Bertolt Brecht: Der kaukasische Kreidekreis

Wer mit Macht ans Ziel kommen will, denkt häufig nur an sich. Wer der Stärkere sein will, macht oftmals nur seine Stärke deutlich. Lieben heißt loslassen, Leben heißt leben lassen.

Das bittere Schicksal eines Kindes stellt uns Bertolt Brecht in seinem Drama »Der kaukasische Kreidekreis« vor. Es ist das Schicksal von Grusche Vachnadze, der Magd, die mit übermenschlichen Opfern – selbst dem Opfer ihrer Liebe zu dem Soldaten Simon Chachava – in Zeiten der Revolte das Kind der hartherzigen Gouverneursfrau rettet.

Am Ende des Krieges und der Verfolgung treffen die Magd, das Kind und die Gouverneursfrau wieder zusammen. Wem soll das kleine Kind gehören?

Der Richter Azdak: »Ich werde mir euren Wunsch überlegen und mein Urteil sprechen, wenn ich mit dem anderen Fall fertig bin.«
Schauwa führt sie in den Hintergrund. »Ich brauch' das Kind.«
Winkt Grusche zu sich und beugt sich zu ihr, nicht unfreundlich. »Ich habe gesehen, daß du was für Gerechtigkeit übrig hast. Ich glaub dir nicht, daß es dein Kind ist, aber wenn es deines wär, Frau, würdest du da nicht wollen, es soll reich sein? Da müßtest du doch nur sagen, es ist nicht dein. Und sogleich hätt' es einen Palast und hätte die vielen Pferde an seiner Krippe und die vielen Bettler an seiner Schwelle, die vielen Soldaten in seinem Dienst und die vielen Bittsteller in seinem Hofe, nicht? Was antwortest du mir da? Willst du's nicht reich haben?«*
Grusche schweigt.
Azdak: »Ich glaube, ich versteh dich, Frau.«
Grusche: »Ich geb's nicht mehr her. Ich hab's aufgezogen, und es kennt mich.«
Schauwa führt das Kind herein.
Die Gouverneursfrau: »In Lumpen geht es!«
Grusche: »Das ist nicht wahr. Man hat mir nicht die Zeit gegeben, daß ich ihm sein gutes Hemd anzieh.«
Die Gouverneursfrau: »In einem Schweinekoben war es!«
Grusche aufgebracht: »Ich bin kein Schwein, aber da gibt's andere. Wo hast du dein Kind gelassen?«
Die Gouverneursfrau: »Ich werd's dir geben, du vulgäre Person.« *Sie will sich auf Grusche stürzen, wird aber von den Anwälten zurückgehalten.* »Das ist eine Verbrecherin! Sie muß ausgepeitscht werden!«
Der zweite Anwalt hält ihr den Mund zu: »Gnädigste Natella Abaschwili! Sie haben versprochen . . . Euer Gnaden, die Nerven der Klägerin . . .«
Azdak: »Klägerin und Angeklagte, der Gerichtshof hat euren Fall angehört und hat keine Klarheit gewonnen, wer die wirkliche Mutter dieses Kindes ist. Ich als Richter hab' die Verpflichtung, daß ich für

das Kind eine Mutter aussuch. Ich werd eine Probe machen. Schauwa, nimm ein Stück Kreide. Zieh einen Kreis auf den Boden.«
Schauwa zieht einen Kreis mit Kreide auf den Boden. »Stell das Kind hinein!« Schauwa stellt Michel, der Grusche zulächelt, in den Kreis. »Klägerin und Angeklagte, stellt euch neben den Kreis, beide!« Die Gouverneursfrau und Grusche treten neben den Kreis. »Faßt das Kind bei der Hand. Die richtige Mutter wird die Kraft haben, das Kind aus dem Kreis zu sich zu ziehen.«

Der zweite Anwalt schnell: »Hoher Gerichtshof, ich erhebe Einspruch, daß das Schicksal der großen Abaschwili-Güter, die an das Kind als Erben gebunden sind, von einem so zweifelhaften Zweikampf abhängen soll. Dazu kommt: Meine Mandantin verfügt nicht über die gleichen Kräfte wie diese Person, die gewohnt ist, körperliche Arbeit zu verrichten.«

Azdak: »Sie kommt mir gut genährt vor. Zieht!«

Die Gouverneursfrau zieht das Kind zu sich herüber aus dem Kreis. Grusche hat es losgelassen, sie steht entgeistert.

Der erste Anwalt beglückwünscht die Gouverneursfrau: »Was hab ich gesagt? Blutsbande!«

Azdak zu Grusche: »Was ist mir dir? Du hast nicht gezogen.«

Grusche: »Ich hab's nicht festgehalten.« Sie läuft zu Azdak. »Euer Gnaden, ich nehm zurück, was ich gegen sie gesagt hab, ich bitt sie um Vergebung. Wenn ich's nur behalten könnt, bis es alle Wörter kann. Es kann erst ein paar.«

Azdak: »Beeinfluß nicht den Gerichtshof! Ich wett, du kannst selber nur zwanzig. Gut, ich mach die Probe noch einmal, daß ich's endgültig hab.«

Die beiden Frauen stellen sich noch einmal auf. »Zieht!«

Wieder läßt Grusche das Kind los.

Grusche verzweifelt: »Ich hab's aufgezogen! Soll ich's zerreißen? Ich kann's nicht.«

Azdak steht auf: »Und damit hat der Gerichtshof festgestellt, wer die wahre Mutter ist.« Zu Grusche: »Nimm dein Kind und bring's weg. Ich rat dir, bleib nicht in der Stadt mit ihm.« Zur Gouverneursfrau: »Und du verschwind, bevor ich dich wegen Betrug verurteil. Die Güter

fallen an die Stadt, damit ein Garten für die Kinder draus gemacht
wird, sie brauchen ihn, und ich bestimm, daß er nach mir »Der
Garten des Azdak« heißt.«
Die Gouverneursfrau ist ohnmächtig geworden und wird vom Adju-
tanten weggeführt, während die Anwälte schon vorher gegangen sind.
Grusche steht ohne Bewegung. Schauwa führt ihr das Kind zu.

Kahlil Gibran: Der Prophet von den Kindern

Wer Kinder nur akzeptiert, wenn sie sein eigen sind, hat nicht
verstanden, was Kinder sind und von uns verlangen. Ein irrtümli-
ches Besitzdenken verleitet viele, um ein Kind zu kämpfen wie
um einen Besitz. Kinder, die von Erwachsenen respektiert werden, deren Gefühlen mit Würde und Rücksicht begegnet wird,
zeigen einem unmißverständlich, was ihr Wohl verlangt. Ein
Recht auf Kinder haben heißt nicht, die Gefühle und Wünsche
von Kindern in Besitz nehmen. Wer die Liebe, die seinem eigenen Kind gegenüber erbracht wird, nicht bereit ist, auch anderen
Kindern entgegenzubringen, ist nur in eigenem Besitzdenken
verfangen. Wer Kinder liebt, liebt alle Kinder. Wer nur sein
eigenes liebt, andere nicht beachtet oder gar kränkt, denkt eher
an sich als an irgendetwas anderes. Diese Gedanken zu verdeutlichen benutzen wir einen Text von Kahlil Gibran:

Von den Kindern.
Und eine Frau, die einen Säugling an der Brust hielt, sagte: Sprich
uns von den Kindern.
Und er sagte:
Eure Kinder sind nicht eure Kinder.
Sie sind die Söhne und Töchter der Sehnsucht des Lebens nach sich
selber.
Sie kommen durch euch, aber nicht von euch,
Und obwohl sie mit euch sind, gehören sie euch doch nicht.
Ihr dürft ihnen eure Liebe geben, aber nicht eure Gedanken,
Denn sie haben ihre eigenen Gedanken.

Ihr dürft ihren Körpern ein Haus geben, aber nicht ihren Seelen,
Denn ihre Seelen wohnen im Haus von morgen, das ihr nicht besu-
chen könnt, nicht einmal in euren Träumen.
Ihr dürft euch bemühen, wie sie zu sein, aber versucht nicht, sie euch
ähnlich zu machen.
Denn das Leben läuft nicht rückwärts, noch verweilt es im Gestern.
Ihr seid die Bogen, von denen eure Kinder als lebende Pfeile ausge-
schickt werden.
Der Schütze sieht das Ziel auf dem Pfad der Unendlichkeit, und Er
spannt euch mit Seiner Macht, damit seine Pfeile schnell und weit
fliegen.
Laßt euren Bogen von der Hand des Schützen auf Freude gerichtet
sein;
Denn so wie Er den Pfeil liebt, der fliegt, so liebt Er auch den Bogen,
der fest ist.

Schlußbemerkung: Leben und leben lassen, loslassen, Zeit lassen

Leben und leben lassen, ein lange verunglimpfter Spruch, ist im Zusammenhang mit Trennung und Scheidung wieder zu großer Bedeutung gekommen. Das Leben müsse gemeistert und Leistung erzwungen werden. Entwicklung und Fortschritt seien nur durch straffe Zucht, Anstrengung und innere Anspannung möglich. Bei näherem Hinsehen läßt sich feststellen, daß Menschen, die so großen Wert auf ähnliche Sätze legen, mit sich selbst zerstörerisch umgehen und in diesen Strudel auch ihre Umwelt hineinziehen. Solche Menschen geraten oftmals bei Fragen von Trennung, der elterlichen Sorge über die Kinder und die Regelung der Kontakte in großen Streit und lebhafte Auseinandersetzungen. Jene, die meinen, alles mit Kraft und Kampf erreichen zu können, sind auf dem falschen Weg, wenn es – wie bei der Gestaltung zwischenmenschlicher Beziehungen – um Leben und leben lassen geht, und Milde und Sorgfalt eher am Platz sind.

Den größten Dienst und Gefallen tut sich derjenige Erwachsene, der in den Fragen, die die Kinder betreffen und die Gestaltung ihrer Beziehungen, auf das Leben und leben lassen setzt. Leben heißt in diesem Zusammenhang, den Kindern die Freiheit zu geben, ihre Welt aufzubauen, ihre Beziehungen zu haben und ihre Bindungen zu halten. Wer das bei seinen Kindern zulassen kann, erweist sich selbst den größten Gefallen und wird das Schmerzliche einer Trennung am ehesten verkraften können.

Loslassen ist ein anderes Wort für Erziehung. Wer nicht loslassen kann, bekämpft; wer zwingt, zeigt kein Vertrauen – und wer nicht loslassen kann, hat keine Chance zu Nähe und Hinwendung. In der Gestaltung zwischenmenschlicher Beziehungen verkehren sich manche Gegensätze von Alltagserfahrungen und allgemeinen Auffassungen: Wer besitzen will, verliert; wer Gefühle erzwingt, riskiert Vertrautheit; wer einen andern an sich klammern will, entfremdet sich ihm. Dagegen läßt der los, der liebt.

An früherer Stelle wurde bereits ausgeführt, was es heißt, bei Kindern und anderen Mitmenschen Beobachtungen zu machen, nämlich aus der Achtung vor dem anderen heraus mit seinen Sinnen Wahrnehmungen zu machen, die uns berichten, wie der andere ist, denkt und fühlt. Wer Beobachter ist, läßt den andern auch so sein, wie er ist, und hört auf, immer nur die andern nach seinem Willen ändern zu wollen. Wer die Augen aufmacht, die Ohren öffnet und seinen Sinnen Raum verschafft, ist dabei loszulassen. Anders sind kein Friede und keine Versöhnung möglich, weder zwischen Menschen noch zwischen Staaten.

Zeit lassen, ist das nur ein Begriff für Enttäuschte und ein falscher Trost? Warum gelingt es einem Neugeborenen kaum zu warten? Wenn es Hunger verspürt, will es, daß es auch gleich gestillt werde, wenn die Mutter weggeht, wollen kleine Kinder, daß sie sogleich wieder zurück ist.

Erwachsene lernen, auf Ziele zu warten. Diejenigen jedoch, die sich zunehmend ihre Wünsche unmittelbar erfüllen können, haben immer größere Schwierigkeiten, auf Ziele und ihre Erreichung zu warten, Zeit abzuwarten. Jene, die zahlreiche Entbehrungen, Vertreibung oder langdauernde Krankheit ertragen mußten, wissen um die Bedeutung von Geduld, von Hoffnung, Ausdauer und Bescheidenheit. Auch Eltern müssen lernen, daß Bindungen wachsen müssen, daß sich nur entwickeln kann, was man abwarten kann, und daß keine Trennung möglich ist, wenn man nicht Zeit vergehen läßt. Es gibt so eine Zeit des Wartens wie der Erfüllung, eine Zeit des Leidens wie eine Zeit der Freude. Alles hat und braucht seine Zeit. Am Ende sollte die Versöhnung mit der Zeit stehen, ohne sie ist kein Leben möglich.

Aber Verzweiflung stellt sich ein, wenn die Hoffnung auf eine bessere Zukunft verlorengeht. Wenn die Vorstellungskraft fehlt, daß etwas besser werden kann, ist die Gegenwart schwer auszuhalten. Wer aber das Vergangene nicht abschließen kann, verspielt Entwicklung und Zukunft. Wer zum Kampf bereit ist, muß schließlich auch zum Verlieren fähig werden. Wer keine Zeit hat für das eine wie für das andere, hat für nichts Zeit und hat die Chance verpaßt, das Leben zu leben. Nichts anderes wird in dem Text ausgedrückt, der dem Buch der Prediger entnommen ist:

»Alles hat seine bestimmte Stunde,
jedes Ding unter dem Himmel hat seine Zeit.
Geboren werden hat seine Zeit,
und sterben hat seine Zeit.
Pflanzen hat seine Zeit,
und ausreißen hat seine Zeit.
Töten hat seine Zeit,
und heilen hat seine Zeit.
Einreißen hat seine Zeit,
und bauen hat seine Zeit.
Weinen hat seine Zeit,
und lachen hat seine Zeit.
Klagen hat seine Zeit,
und tanzen hat seine Zeit.
Steine wegwerfen hat seine Zeit,
und Steine sammeln hat seine Zeit.
Umarmen hat seine Zeit,
und sich meiden hat seine Zeit.
Behalten hat seine Zeit,
und wegwerfen hat seine Zeit.
Zerreißen hat seine Zeit,
und nähen hat seine Zeit.
Schweigen hat seine Zeit,
und reden hat seine Zeit.
Lieben hat seine Zeit,
und hassen hat seine Zeit.
Der Krieg hat seine Zeit,
und der Friede hat seine Zeit.« (Prediger 3,1–8)

Anhang

Fragebogen zur Selbstkontrolle

Angaben

Alter d. Vp	
Zahl der Kinder:	
Geburtsjahr:	
Trennung seit:	

Fragen:

1) Wenn Sie jetzt die Trennungs- bzw. Scheidungssituation überblicken, sind die Probleme
   - so gut es ging, gelöst worden ☐
   - sind sie zufriedenstellend gelöst worden ☐
   - hätten sie besser gelöst werden können ☐
   - sind sie nicht gut gelöst worden ☐
   - sind sie katastrophal ausgegangen bzw. überhaupt nicht gelöst worden ☐

   (Zutreffendes bitte ankreuzen)

2) Das Gericht hat damals Entscheidungen hinsichtlich des Sorgerechts über die Kinder getroffen:
   Waren Sie mit der damaligen Entscheidung zufrieden?
   - ja ☐
   - nein ☐

   Wenn Sie »nein« angekreuzt haben:

Begründung: _____

_____

_____

Wie zufrieden sind Sie derzeit mit dieser Entscheidung des Gerichts?

zufrieden ☐

nicht zufrieden ☐

weil: _____

_____

_____

3) Wenn man schwierige Probleme zu lösen hat, ist es nützlich, gute Hilfe zu haben.
(Kreuzen Sie jene Möglichkeiten an, die Sie hatten oder haben)

Hilfe durch Freunde, Eltern, Geschwister, Bekannte, usw. ☐

Hilfe durch psychologische, pädagogische oder geistliche Fachleute (z. B. Eheberatungsstelle) ☐

Hilfe durch einen Rechtsanwalt ☐

Hilfe durch Lektüre (Bücher oder Zeitschriften) ☐

Gar keine Hilfe ☐

4) Wenn Sie an jene denken, die die Probleme der Trennung bzw. Scheidung vor sich haben, welche beiden Hilfsmöglichkeiten erscheinen Ihnen derzeit am bedeutsamsten?

Hilfe durch Freunde, Eltern, Geschwister, Bekannte usw. ☐

Hilfe durch psychologische, pädagogische oder geistliche Fachleute (z. B. Eheberatungsstelle) ☐

Hilfe durch einen Rechtsanwalt ☐

Hilfe durch Lektüre (Bücher oder Zeitschriften) ☐

Gar keine Hilfe ist möglich/nützlich ☐

(Bitte bis zu zwei Aussagen ankreuzen)

5) Haben Sie das Gefühl, daß Ihre Kinder die Zeit der Trennung und die Probleme nachher gut oder weniger gut bewältigt haben?

```
  ├────────┼────────┼────────┼────────┤
  1        2        3        4        5
ganz gut                        ganz schlecht
```

Anmerkungen:

_____

_____

_____

6) Erinnern Sie sich an Äußerungen Ihrer Kinder, die die Scheidung oder Trennung ihrer Eltern betreffen?

_____

_____

_____

_____

_____

_____

_____

7) Was müßte Ihrer Meinung nach geschehen, damit Kinder die Probleme bei der Trennung ihrer Eltern gut bewältigen können!
Nennen Sie bitte Beispiele:

_____

_____

_____

_____

_____

_____

_____

_____

8) Was müßte Ihrer Meinung nach geschehen, damit Erwachsene die sich scheiden lassen wollen, selbst die Probleme der
Trennung besser bewältigen können?

1. _____

2. _____

3. _____

4. _____

5. _____

_____

_____

9) Was müßte geschehen, damit die Kinder möglichst wenig
durch Trennung und Scheidung ihrer Eltern belastet werden?

1. _____

2. _____

3. _____

4. _____

5. _____

_____

_____

10) Was würden Sie Erwachsenen raten? (Kreuzen Sie zwei
Aussagen an)

Die Ehe ist ein Bündnis, das unauflösbar ist; nur in Ausnahmefällen sollte eine Trennung vollzogen werden. ☐

Für die Kinder ist es besser, in einer vollständigen Familie zu leben, auch wenn es große Probleme und dauernd Streit zwischen den Eltern gibt. ☐

Für die Kinder ist es schlechter, daß die Eltern zusammenbleiben, wenn Streit und Schwierigkeiten zwischen den Eltern überwiegen. ☐

Ich würde niemandem raten, sich scheiden zu lassen. ☐

Wenn die Probleme zu groß werden, sollten zuerst Fachleute in Anspruch genommen werden, z. B. Eheberatungsstellen, ehe man sich zur Scheidung entschließt. ☐

In Zukunft werden sich ohnehin immer mehr Paare trennen, das ist der Trend der Zeit, das muß man eben nehmen, wie es ist. ☐

Literaturverzeichnis

Aries, Ph.: Geschichte der Kindheit. München, 1981

Arntzen, Fr.: Elterliche Sorge und persönlicher Umgang mit Kindern. München, 1980

Berk, H. J.: Der psychologische Sachverständige in Familienrechtssachen. Stuttgart, 1985

Bischof, N.: Das Rätsel Ödipus. München, 1985

Brecht, B.: Der Kaukasische Kreidekreis. Frankfurt, 1963

Bühler, Ch., Bilz, J.: Das Märchen und die Phantasie der Kinder. Berlin, 1977

Bürgerliches Gesetzbuch. München, 1983

Dreikurs, R., Gould, S., Corsini, R.: Familienrat. München, 1985

Freud, A.: Das Ich und die Abwehrmechanismen. Wien, 1936

Freud, S.: Vorlesungen zur Einführung in die Psychoanalyse. Leipzig, 1917

Freud, S.: Gesammelte Werke Band VIII: Zur Dynamik der Übertragung. Leipzig, 1912

Fromm, E.: Die Kunst des Liebens. Stuttgart, 1984

Gordon, Th.: Familienkonferenz. Hamburg, 1972

Habermas, J.: Erkenntnis und Interesse. Frankfurt/M., 1973

Hagemann-White, C., Wolff, R.: Lebensumstände und Erziehung. Frankfurt, 1975

Heckhausen, H.: Entwurf einer Psychologie des Spiels. Psychologische Forschung: 27, 225–243

Hofmann, F.: Der Wolf und die sieben Geißlein. Aran, 1957

Innerhofer, P.: Das Münchner Trainingsmodell. München, 1977

Jugendrecht. München, 1976

Kemmler, R.: Autogenes Training für Kinder, Jugendliche und Eltern. München, 1975

Klußmann, R. W.: Das Kind im Rechtsstreit der Erwachsenen. München, 1981

Kruse, W.: Entspannung, Autogenes Training für Kinder. Köln, 1984

Kübler-Ross, R.: Interviews mit Sterbenden. Stuttgart/Berlin, 1971

Leinhofer, G.: Entwicklungspsychologische Gesichtspunkte zur Schulfähigkeit und Schulbereitschaft des Kindes (58–79), in: *Hagenbusch, A.-M.,* Das schulbereite Kind. Donauwörth, 1985

Lempp, R.: Die Ehescheidung und das Kind. München, 1976

Lenzen, D.: Curriculumplanung und diskursive Legitimation in: Künzli, R. (Hrsg.): Curriculumentwicklung. Begründung und Rechtfertigung, S. 243–264. München, 1975

De Mause, L.: Hört ihr die Kinder weinen? Frankfurt, 1979

Mitscherlich, A.: Die Unfähigkeit zu trauern. Frankfurt, 1967

Piaget, J.: Das Erwachen der Intelligenz beim Kinde. Stuttgart, 1969

Piaget, J.: Das moralische Urteil beim Kinde. Zürich, 1954

Riemann, F.: Grundformen der Angst, München, 1967

Rowlands, P.: Wochenend-Eltern. München, 1983

Schenk-Danzinger, L.: Entwicklungspsychologie. Wien, 1977

Tausch, R., Tausch, A. (Hrsg.): Erziehungspsychologie. Göttingen, 1970

Watzlawik, P., Beavin, J., Jackson, D.: Menschliche Kommunikation. Bern, 1969